DEN LILLE BOG OM

SELVDISCIPLIN

GAURA NITAI DAS
MODERNE MUNK

Dedikeret til...

... de uslebne diamanter, der søger at fremelske deres
sande potentiale.

... de ambitiøse ildsjæle, der arbejder på sig selv i håb
om at gøre en forskel.

... dem, der ikke har selvdisciplinen til at læse en stor
bog om selvdisciplin.

Ansvarsfraskrivelse

Der gøres opmærksom på, at anbefalingerne i denne
bog følges på eget ansvar.

Indhold

Den lille bogs opbygning

Jeg har valgt at opdele bogen i tre sektioner, som jeg kalder selvdisciplinens elementer. Første del er viden, anden del er handling, og tredje del er motivet til handling eller handlingens ønskede resultat. Denne opbygning er baseret på en skudsikker succesformular. Sådan virker det:

1 Den korteste afstand mellem to punkter er en lige linje. Det første punkt er viden. Viden er fundamentet for succes og udgangspunktet for selvdisciplin. Jo mere viden, desto bedre.

Denne del sigter derfor efter at udstyre os med en god forståelse af relevante principper, psykologisk indsigt og inspiration til at opnå fordelene ved selvdisciplin.

2 Viden uden handling er til ingen nytte. Derfor fokuserer anden del på brugbare metoder, teknikker og vaner, som vi kan bruge til at styrke vores selvdisciplin, skabe gode vaner og accelerere fremgangen mod vores mål i livet. Det er den lige linje, der forbinder de to punkter.

3 Tredje del handler om motiv. Hvis vi har den nødvendige viden og de rette værktøjer til succes, mangler vi kun at identificere, hvad succes vil sige for os. Denne del er kortere end de to andre, men mere filosofisk. Den er beregnet til eftertanke.

Med selvdisciplin er næsten alt muligt, så hvad vil du bruge det til? Det er det sidste punkt. Hvis det er klart, kan vi bruge metoderne fra anden del til at trække en lige linje mellem de to punkter, en bro, der fører os fra vores nuværende situation til vores ønskede destination.

Forslag til at få mest udbytte af denne bog

1 Du vil naturligvis gerne have maksimalt udbytte. Fuld valuta for pengene. Hvorfor skulle du ellers læse den? Hvis det er tilfældet, er der en forudsætning, der er vigtigere end alverdens kneb og metoder.

Du må være motiveret! Du skal være drevet af et ønske om at lære og forbedre dig selv. Hvis du er det, er jeg sikker på, at du på hver eneste side vil finde værdifuld information, som du kan anvende i dit liv, eksperimentere med og drage fordel af.

Hvis man ikke har et ønske om at blive selvdisciplineret, kunne det være, fordi disciplin ikke umiddelbart lyder sexet. Man tænker måske på uniformerede skoleelever eller det, der er værre. Derfor har jeg valgt at bruge første kapitel på at udpensle fordelene ved selvdisciplin for at garantere, at begejstringen er vakt lige fra begyndelsen.

2 Man bør ikke lære mere ad gangen, end man kan overskue. Selvhjælp er skøn litteratur, men ikke skønlitteratur og er tiltænkt mere end bare underholdning og tidsfordriv. Tænk implementering. Det er især relevant, når man læser anden del af bogen, som er fyldt med forslag til vaner og eksperimenter, man kan lege med. Så tænk over hvad du har læst, og hvordan du kan anvende det i din egen situation?

3 Læs med blyant og en overstregningstusch. Jeg vil være særdeles smigret, hvis du gør dit eksemplar mere personligt ved at tilføje dine egne streger. Understreg det, hvis du finder et forslag, du kan bruge. Gør det iøjnefaldende, så det er let at finde igen. Det gør bogen lettere og mere interessant at genlæse. Dermed vil man hurtigt kunne bladre den igennem for fremtiden og blive mindet om essensen af hvert kapitel.

4 Hav en notesbog, der er reserveret til selvdisciplinering, ved hånden, når du læser. Det hjælper dig til at huske det vigtigste. Du kan eventuelt føre en lille dagbog og notere dine observationer, når du eksperimenterer. Hvad gjorde du, og hvordan virkede det? Det er sjovt at se tilbage på succesoplevelser og lærerigt at reflektere over nederlag.

5 Vend tilbage med mellemrum. Prøv ikke at implementere alle metoderne i anden del med det samme. Det er for stor en mundfuld. Læs hellere et afsnit ad gangen og notér, hvad der inspirerer dig. Hvis man tillærer sig én god vane ad gangen, kan man koncentrere sig om den og komme tilbage efter mere senere. Bogen løber ingen steder.

Introduktion

Hvorfor denne lille bog?

For et år siden var jeg ude på et gymnasium og tale om Østens filosofi. Eleverne lyttede nysgerrigt, selv om emnet måske var lidt fremmed for dem. Men da der blev stillet spørgsmål til mit liv som munk, og jeg begyndte at tale lidenskabeligt om selvdisciplin, og hvordan det havde forbedret mit liv, skærpedes opmærksomheden. Her var noget, de virkelig kunne bruge! Det fik mig til at tænke på min egen tid i gymnasiet.

Hvis jeg kunne give mit daværende jeg en gave, ville det være min forkærlighed for selvdisciplin! Det kan jeg desværre ikke. Men måske kan jeg give den til dig. Jeg har forsøgt at nedfælde den forkærlighed på siderne her. Selvdisciplin er et vidunderligt værktøj, som kan bruges af alle i alle livets aspekter. Det er nøglen til al selvhjælp. Med den kan man åbne døren til sine drømme, nå sine mål og - måske vigtigst af alt - øge sin livskvalitet.

De, der har mest brug for at udvikle selvdisciplin, er sjovt nok også dem, der har sværest ved at tage sig sammen til det - for slet ikke at tale om at læse en bog! Derfor er denne bog ikke et stort, dybdegående og teknisk værk, men en lille, overskuelig og letlæselig håndbog, som er praktisk anvendelig. En bog, som jeg ville ønske, at nogle havde foræret mig!

At der på nuværende tidspunkt ikke findes en lille bog om emnet på det danske marked, taler kun for denne udgivelse. Den kan læses af alle, men er især skrevet med ungdommen for øje.

Hvorfor ungdommen? Fordi det ikke er let at vokse op i

den moderne verden! Livet er et minefelt belagt med vejbomber af fristelser og distraktioner. Uden selvdisciplin løber man nøgen rundt i en krigszone, men med selvdisciplin er man så godt som skudsikker!

Hvem er jeg til at belære om selvdisciplin?

Godt spørgsmål, og hvis man for et par år tilbage havde spurgt mine forældre, gymnasielærere eller gamle venner om det samme, var de højst sandsynligt faldet af stolen i latterkramper. Der var en tid, hvor selvdisciplin var ligeså fremmet for mig som russisk grammatik. Jeg vidste med andre ord godt, at det eksisterende, og at nogle brugte det. Men mig selv, ikke ligefrem. Jeg boede i mine forældres kælder, hvor jeg rullede mine joints og drømte om en bedre verden. En idealist, men en doven en af slagsen, der ikke selv løftede en finger. Jeg læste flittigt konspirationsteorier, men aldrig lektier og sløsede mig gennem gymnasiet på plagiat og et par skriftlige advarsler. Min far sagde altid, at jeg arbejdede bedst med kniven på struben. Men sandheden er, at jeg kun arbejdede med kniven på struben!

Jeg tror, der gik en klap ned for mig, da jeg en skæbnesvanger dag meldte mig frivilligt som værnepligtig i flyvevåbnet, selv om jeg havde trukket frinummer. Jeg fortrød det kort efter, men nu sad jeg i saksen. Det viste sig dog at komme mig til gode. Jeg fik nogle gode vaner i militæret, og min fascination for selvdisciplin vågnede langsomt.

Efter værnepligten fik jeg mere styr på mit liv. Jeg havde kæreste og arbejde, var blevet vegetar, eksperimenterede med meditation og læste meget. Og så en dag mødte jeg en munk. Jeg havde aldrig troet, at jeg ville møde en munk midt i København. Vi havde en interessant samtale, hans visdom og afslappede glæde vækkede noget i mig. Han inviterede mig til det lokale tempel. Jeg vidste slet ikke der var et lokalt tempel, men takkede ja til invitation, delvist grundet det vegetariske festmåltid han snakkede om.

Man siger, at det tager syv sekunder at danne et første-håndsindtryk. De første syv sekunder i templet blæste benene væk under mig. Det var en uforglemmelig oplevelse. Resulta-tet blev, at jeg nu selv har levet og studeret som munk i snart seks år. Mine studier er fokuseret på meditation, filosofi og psykologi. Vi arbejder med selvrenselse for øje, overbevist om at den højeste glæde kan opleves, når vi eksisterer i en tilstand fri for begær, vrede og grådighed, og lever vores liv som én kontinuerlig uselvisk handling i tjeneste til andre.

Jeg har valgt et liv med et niveau af selvdisciplin, der får min tid i militæret til at ligne et frikvarter i folkeskolen. Vi står op før kl. fire om morgenen, og starter vores dag med en taknemmelighedsmeditation for livets velsignelser. Derefter har vi privat meditation i to timer, men henblik på renselse af vores bevidsthed og mental kontrol. Vi lever i cølibat, tager ingen rusmidler, og lever en ærlig, vegetarisk livsstil. På nuvæ-rende tidspunkt, er man måske fristet til at spørge: Hvordan har I så sjov? Udover, at vi fester, synger og danser mere end de fleste, arbejder vi med bevidsthed. Hvis man blot kan lære at være tilfreds, uanset omstændighederne, behøver man ikke længere lede efter tilfredshed udenfor sig selv, men man kan være fornøjet i enhver situation.

Nogle ser måske på min livsstil som tortur, men sådan oplever jeg det ikke. Faktisk elsker jeg det! Jeg nærer dyb tak-nemmelighed for den munk, der viste mig vejen. Jeg oplever livet som meningsfyldt og indholdsrigt, ikke på materielle goder men på venskaber, oplevelser og godt helbred. Derudover er jeg blevet givet fantastiske værktøjer – såsom selvdisciplin – til at udrette ting jeg tidligere ville have regnet for umulige.

Jeg skylder meget til mine mange mentorer, som har hjulpet mig på vejen og inspireret mig til at finde min selvdisciplin. Jeg er endnu ikke dér, hvor jeg gerne vil være, rejsen er trods alt først lige begyndt, men livet er en rejse, og til forskel fra før er den eventyrlig!

Min inspiration

Siden militæret har jeg været besat af selvudvikling. Jeg har læst værkerne af mange vestlige forfattere, fra filosoffer til selvhjælpsguruer, psykologer, neurologer, humanister og så videre. Jeg har lært meget af moderne mennesker, men Østens visdom har stjålet mit hjerte.

Min hovedsagelige inspiration er kronjuvelen af orientalsk filosofi - *Bhagavad-gita* – og de der følger dens lære. *Bhagavad-gita* er en del af Vedaerne, de gamle tekster der indeholder Indiens tidløse visdom, nedskrevet på Sanskrit for mere end 5.000 år siden. På trods af deres imponerende alder, er deres læresætninger dog stadig ligeså relevante som nogensinde før, som bevidnet af det faktum, at mange af de oprindelige tanker har overlevet tidens test, og fundet deres vej ind i adskillige af nutidens populære selvhjælpsbøger.

Denne lille bog er et forsøg på at tage essensen af Østens kvalitetstestede visdom og cremen af moderne selvhjælp for på den måde at samle det bedste fra to verdener i en håndbog til selvdisciplin, der forhåbentligt taler til det moderne menneske. God fornøjelse!

FØRSTE DEL

VIDEN

"En investering i viden giver det største afkast."
- Benjamin Franklin

Jeg har i overensstemmelse med Vedaernes lære valgt at inddele selvdisciplin i tre hovedkomponenter: viden, handling og motiv, som på sanskrit kaldes *sambandha*, *abhideya* og *prayojana*. Disse tre begreber arbejder rigtig godt sammen!

Hvordan det? Når først hjørnestenen af viden er lagt, har vi et godt udgangspunkt. Vi er klædt på med viden om de relevante faktorer, vi bør kende til i selvdisciplineringsprocessen, og hvordan de fungerer i forhold til hinanden.

Viden indebærer også kendskab til både handling og motiv. "Hvad er dit ønskede mål, og hvordan kommer du dertil?" Når man har den nødvendige viden, og man har et inspirerende mål, et motiv til at handle, mangler man kun at handle på den viden for at opnå sit mål.

Første del er tilegnet viden. Det er placeringen af vores hjørnesten. At definere disciplin og selvdisciplin og redegøre for forskellen på de to er et godt sted at starte. Fordelene ved en stærk selvdisciplin og ulemperne ved mangel på samme vil blive berørt. Jeg vil også gennemgå, hvordan selvdisciplin teoretisk kan styrkes og omtale de udfordringer, der vil være på vejen.

KAPITEL 1

Friheden til at vælge

"Gennem selvdisciplin kommer frihed"
- Aristoteles, græsk filosof

Jeg vågner. Det er midt om natten. Uret har endnu ikke ringet. Jeg kunne sove videre. Skulle jeg? Det er søndag, en dag, der for mange er ensbetydende med at sove længe. Nattens stilhed brydes af en flaske, der knuses udenfor efterfulgt af latter. Et par højlydte teenagere er på vej hjem fra byen. Jeg plejede at være ligesom dem – ung, vild og fri. Jeg beslutter mig for at tyvstarte dagen og rejser mig fra min seng, som egentlig bare er en tynd yogamåtte, og begynder min morgenrutine. Jeg kommer i tanke om et vers fra *Bhagavad-gita*: "Hvad der er nat for de fleste, er tid til opvågning for den selvbeherskede. Og hvad der er tid til opvågning for de fleste, er nat for den selvransagende." Jeg smiler ved tanken og begynder mine solhilsner.

Nøglen til frihed

Jeg plejede at tænke, at frihed er at gøre, hvad man har lyst til, når man har lyst til det. Hvis jeg havde lyst til at sove hele dagen, så var jeg fri til at sove hele dagen. Hvis jeg ville ryge, var jeg fri til at ødelægge mine lunger. At følge mine impulser, uanset hvor de ville lede mig, var blot en demonstration af min frihed. Jeg kan godt lide at spørge folk: "Hvad betyder frihed for dig?" Og det er ofte svaret, jeg får: "At gøre, hvad man har lyst til!" Men er det virkelig frihed?

Er det frihed at sove længe, hvis man ikke kan tage sig sammen til at stå op? Man kan føle sig fri til at spise, hvad man har lyst til, men hvad nu, hvis man ikke kan være fornøjet med, hvad der er godt for éns helbred? Man har måske besluttet sig for at blive hjemme og arbejde på en vigtig opgave, men er man stærk nok til at sige nej, når der melder sig et fristende tilbud? Hvis ikke, hvordan er man så fri? Forstå mig ret. Man skal ikke torturere sig selv og fornægte alt, hvad der er sjovt og spændende. Min pointe er blot, at frihed ikke er at gøre, hvad man har lyst til, men er det bevidste valg, man tager.

Jocko Willinks, som er tidligere U.S. Navy-SEAL soldat, udgav for nylig en bog med titlen 'Discipline is freedom', hvilket passer, hvis man med disciplin mener selvdisciplin. Det er interessant, at den samme sandhed blev formuleret i *Bhagavad-gita* for 5.000 år siden, hvor 'frihedens regulerende retningslinjer' nævnes. På sanskrit er ordet for selvdisciplin tapas, der bogstaveligt kan oversættes som 'varme', 'brænde' og 'at stråle'. Det var almindeligt for Oldtidens yogier at gennemgå frivillige prøvelser som at nedsænke sig i de iskolde floder, der løber gennem Himalayas bjerge, og tolerere ekstrem kulde eller tage tavshedsløfter og vandre ud i skovene for i stilhed at meditere i årevis. Ret vildt! Men hvorfor? For at træne selvdisciplin, beherske sindet og opleve den efterfølgende frihed til at kunne gøre, ikke hvad man har lyst til, men hvad man vælger.

Frihed er at have et valg. Kun med selvdisciplin har man kontrol over sit valg, da man ikke er tvunget til at følge sine impulsive lyster. Det gør også én i stand til lettere at træde ud af komfortzonen. Hvis man tænker over det, er der mange belønninger at hente uden for komfortzonen. At motionere er for eksempel hårdt og ofte smertefuldt, men hvis man ønsker at være sund og rask, er det nødvendigt. At studere er til tider ensformigt og uinspirerende, men hvis man drømmer om en akademisk karriere, må man kunne bide i det sure æble. Hvis man ønsker at bruge et år på at rejse og opdage verden eller måske gå tidligt på pension, så man ikke behøver at være en lønslave hele livet, må man være i stand til at leve minimalistisk. Det er alt sammen valg, man tager om enten 1) at gøre, hvad man ikke har lyst til, eller 2) ikke at gøre, hvad man har lyst til. Det er essentielt selvdisciplinens to aspekter.

At vores succes og frihed i høj grad afhænger af noget, der umiddelbart ser ud til at indskrænke vores frihed, kan for nogle være en ubekvem sandhed. Men det betyder heldigvis ikke, at livet skal være en ørkenvandring. Det betyder blot, at man må have tålmodighed til at kunne vente på et større og bedre resultat end den hurtige og umiddelbare tilfredsstillelse. I den forbindelse har *Bhagavad-gita* et genialt vers, som er værd at tænke over: "Den glæde, som i begyndelsen er bitter, men senere sød, er bedre end den, som i begyndelsen er sød, men senere bitter." Hvis det ikke slog benene væk under dig første gang, så læs det igen. Med selvdisciplin har man altså evnen til at udskyde behovet for tilfredsstillelse, mens man tålmodigt venter på noget langt bedre.

Én nu eller to senere?

I 1970'erne begyndte psykologen Walter Mischel et omfattende studie, som han kaldte skumfidustesten, af selvdisciplin og menneskelig opførsel. Hans metode var simpel. Han ville bruge børn i forskellige aldre og teste deres evne til at beherske sig ved at sætte dem ansigt til ansigt med en skumfidus, en kage eller en valgfri godte. Børnene ville blive forklaret, at de var velkomne til at spise godbidden med det samme, men hvis de var i stand til at vente i 25 minutter, ville de blive belønnet med to godbidder i stedet for én.

Dr. Mischel udførte tusindvis af sådanne eksperimenter under forskellige omstændigheder, og hans opdagelser er fascinerende. Den mest bemærkelsesværdige er, at de børn, der udøvede en høj grad af selvbeherskelse, generelt blev betydeligt mere succesfulde. Det gik op for ham, da han undersøgte sine forsøgspersoner mange år senere, at de, der havde bestået testen, ofte var sundere, gladere, bedre lønnet, havde lavere skilsmisserater osv. Det etablerer selvdisciplinens enorme værdi på en anerkendt videnskabelig basis.

Vejen til storhed

Den primære fordel ved selvdisciplin er friheden til at vælge, og den åbner døren til utallige andre fordele. Således er selvdisciplin en forvandlende egenskab med et næsten ubegrænset potentiale. Den har gang på gang forvandlet begyndere til verdensmestre, idéer til geniale opfindelser og drømme til levende virkelighed.

Det er med selvdisciplin, at en ung mand, som tænker på sin fremtid, vælger at studere, mens hans klassekammerater fester. Det var med stædig selvdisciplin, at Edison på trods af 10.000 mislykkede forsøg opfandt den elektriske pære. Det var med selvdisciplin, at Michael Jordan blev verdens bedste basketballspiller, selv om han til at starte med ikke blev udtaget til High School-holdet. Storhed er aldrig et tilfælde. Det er altid resultatet af en kontinuerlig, målrettet indsats. Men, vil nogle måske indvende, det lader til, at nogle bare er født mere privilegerede. Ja, helt bestemt. Men selv hvis man er født med utrolige talenter, må man stadig arbejde med dem, hvis man ikke ønsker at spilde dem på middelmådige bedrifter. Intet ekstraordinært forekommer uden selvdisciplin, men med selvdisciplin er næsten alting muligt.

Forudsætning for kærlighed

Kærlighed er nok ikke det første, man tænker på, når vi taler om selvdisciplin, men tænk over det. Kan man virkelig elske uden selvdisciplin? Kan vi tale om kærlighed, hvis man ikke kan bevæge sig ud over sit eget behov og sætte en anden person i første række? Hvis ikke, er det så rigtig kærlighed eller blot en billig efterligning, et spil for galleriet?

Det er med kærlighed, at en mor vælger at tilsidesætte sine egne behov til fordel for sit barns. Det er med kærlighed, at et par kan være loyale over for hinanden og holde sammen trods udfordringer. Det er med kærlighed, at man kan dedikere sig til en højere sag. Men uden selvdisciplin er kærlighed utilstrækkelig, for det bevidste valg om at elske vil være underlagt omstændigheder, der ændres, og forbigående følelser. Selvdisciplin er frihed, og kærlighed er så at være villig til at opgive den frihed til fordel for en anden person eller en højere sag.

Hvad end man gerne vil have ud af livet, uanset om det er succes, rigdom, kærlighed eller hele pakken, må man arbejde for det, og så er selvdisciplin uundværlig. Abraham Lincoln sagde engang: "Ting kommer måske til dem, der venter, men kun de ting, der er tilbage efter dem, der maser sig frem."

KORT OPSUMMERING

Mere selvdisciplin betyder mere frihed

Evnen til at vente på noget bedre lover en strålende fremtid

At opgive sin frihed er ægte kærlighed

KAPITEL 2

Fra ingen disciplin til selvdisciplin

"Den eneste disciplin, der holder, er selvdisciplin"
– Bum Phillips, træner i amerikansk fodbold

Hvad nu, hvis man ikke har det?

Ville du have bestået skumfidustesten? Personligt tvivler jeg på, hvordan mit yngre jeg ville have håndteret situationen. Hvis man spørger mine forældre om min barndom, er selvdisciplin nok det sidste, de vil mene kendetegnede mine unge år. Så hvis selvdisciplin ikke synes at komme naturligt, er der så noget håb for fremtiden, eller er man, fordi man har trukket et kortere strå i det genetiske lotteri, dømt til at blive taber, udskud eller, Gud forbyde det, munk?

Ikke nødvendigvis. Det handler i de fleste tilfælde ikke så meget om, hvilke kort man er blevet givet, men hvordan man spiller dem. Hjerneforskning viser, at man med sine tanker og handlinger rent faktisk kan omforme hjernen og træne bestemte områder, der er relevante for selvdisciplin, som for eksempel frontallapperne bag pandeskallen, der arbejder med valg. For dem, der tror på loven om karma, forklarer Vedaerne, at man ligger, som man har redt, og at den nuværende situation på godt og ondt er resultatet af ens tidligere handlinger. Men Vedaerne forklarer også, at man med sin frie vilje kan ændre sine tanker, handlinger og omgivelser og derigennem sin skæbne. Man har med andre ord ikke kontrol over, hvad livet udsætter én for, men hvis man har kontrol over, hvordan man reagerer på de situationer, kan man ændre sin fremtid. Så hvis ikke vi er blevet født med selvdisciplin, kan vi bestræbe os på at fremelske den.

Med fare for at blive lidt for selvbiografisk vil jeg dele min personlige erfaring af, hvordan man kan bevæge sig fra ingen disciplin til disciplin og hen imod selvdisciplin. Jeg plejede at ryge for meget hash i gymnasiet. Det havde varet ved i et par år, før mine forældre opdagede det, men da de gjorde det, blev de naturligvis bekymrede. Jeg syntes selvfølgelig bare, de var hysteriske. "Tag det roligt, mor. Far, jeg har styr på det. Jeg kan sagtens stoppe, hvis jeg vil." Jeg troede selv på det, og for at berolige dem lovede jeg ikke at ryge i en måned. "Det burde ikke være noget problem. Vel?" Og det var det heller ikke de første par dage, ikke indtil, jeg mod min egen gode vilje fandt mig selv på cyklen med retning mod Pusher Street på Christiania.

Det var som en indre tovtrækning, en kamp for suverænitet. Det føltes som om, at rigtigt og forkert bekrigede hinanden, og at deres slagmark var indersiden af mit hoved. Du har sikkert set den klassiske Anders And med en engel, der prøver at tale ham til fornuft, på den ene skulder, og en djævel, der vil lede ham i fordærv, på den anden side. Det var sådan, det føltes. Senere hen lærte jeg disse to stemmer at kende som sindet og intelligensen. Intelligensen insisterede: "Du lovede ikke at ryge! Du sagde, at du kunne stoppe, hvis du ville! Kom nu! Der er ikke engang gået en uge." På den anden side talte sindet sin sag: "Sikke et dumt løfte! Slap nu af. Vejret er skønt, og du trænger til at stresse af."

Jeg blev trukket op og ned ad Københavns cykelstier. Det

var et komisk scenarie. Jeg pendulerede frem og tilbage mellem Frederiksberg og Christianshavn, vendte flere gange om og skiftede retning, indtil jeg til sidst måtte bide i støvet, æde mine ord og indrømme over for mig selv, at jeg ikke havde selvdisciplinen til at stå ved min beslutning.

Frøet af disciplin

Ordbogsdefinitionen på disciplin er at styre adfærd med belønning og straf. Det vil sige, at hvis man opfører sig ordentligt, bliver man belønnet, og hvis ikke, bliver man straffet. Det er disciplin. Forældre bruger det på deres børn, det forekommer i klasseværelserne hver eneste dag, og ordensmagten bruger det til at håndhæve samfundets love. Eftersom ordet disciplin ofte forbindes med straf og strenghed, associeres det tit med noget negativt. Men disciplin er hverken positiv eller negativ. Det afhænger af, hvordan den bruges, til hvad og hvorfor.

For nogle er udefrakommende disciplin nødvendig. Det kan hjælpe én til at blive mere ansvarlig og holde sig ude af problemer. Det havde måske gjort en forskel i min tankegang, hvis der havde været mere åbenlyse konsekvenser for at bryde mit løfte til mine forældre eller en udsigt til belønning, hvis det var blevet overholdt.

Ingen bryder sig om at blive disciplineret, men det kan være en stor hjælp. Det var i hvert fald min oplevelse i militæret. Det var sundt for mig at blive tvunget op om morgenen, modtage ordrer og gøre, som der blev sagt. Hvorfor? Det hjalp mig med at sætte mig ud over mine impulsers herredømme over mit liv, i det mindste så længe jeg var under opsyn. Jeg havde ikke lyst til at stryge mine skjorter, holde snorlige orden i mit skab eller polere mine støvler, til de skinnede, for ikke at tale om at gå lange distancer i regnvejr gennem mudrede marker, konstant blive irettesat eller sprinte, til man følte, man skulle brække sig. Jeg hadede det, mens det stod på, men jeg er taknemmelig for, at jeg havde oplevelsen, for den gav mig et frø af disciplin og muligheden for, at selvdisciplinen en dag ville blomstre.

Selvdisciplinens spire

At modtage frøet er kun begyndelsen. Et frø behøver vand for at spire, og senere hen lys, næring og omsorg for at kunne vokse. Under de rette omstændigheder vil en lille spire med tiden blive til et stort og stærkt træ og begynde at give blomster, skygge og frugt. På samme måde skal disciplinens skrøbelige frø modtages og behandles forsigtigt. Først efter at have gennemgået denne kultiveringsproces vil man smage selvdisciplinens søde resultat.

At være underlagt disciplin er at afhænge af en ekstern autoritet. Men hvis man er selvdisciplineret, er der ikke længere behov for en autoritet til at overvåge og svinge pisken. Hvis man er selvdisciplineret, har man en indre motivation, entusiasme og drivkraft. Man kan ved egen kraft arbejde hårdt for at nå sine mål, selv når man er alene, og ingen kigger.

Nu lever jeg som munk i et tempel, og modsat min tid i militæret er det et bevidst, frivilligt valg, jeg har taget. Jeg er ikke tvunget til at vågne kl. 2.00 om natten. Ingen fortæller mig, at jeg skal tage et koldt bad om morgenen, og intet ville glæde min mor mere, end hvis jeg besluttede igen at blive en del af det moderne samfund, finde mig en kæreste og leve et normalt liv. Mine forældre ville med glæde hjælpe mig med at blive 'rehabiliteret'.

Så hvorfor gør jeg alt dette? Jeg kultiverer frøet. Jeg lærer at arbejde med sindet og beherske det for at kunne opleve friheden ved at vælge. Jeg skriver ikke dette for at fremstille mig selv som overlegen på nogen måde. Mit liv er blot et eksempel på, hvordan man kan bevæge sig fra ikke at have nogen disciplin til en spirende disciplin til, hvad mange ville regne for ekstrem selvdisciplin. Det betyder ikke, at det vil være det rigtige for alle at leve en så radikal livsstil. Men jeg er overbevist om, at alle vil kunne drage fordel af en bedre selvdisciplin.

Hvorfor overhovedet besvære sig?

Forestil dig et scenarie. Tænk på en stridsvogn med fem heste. Du er passageren, der bestemmer destinationen, men hvis kusken ikke har kontrol over hestene, sidder du pludselig i en farlig situation, eller måske sidder du stille og kommer ingen vegne. Du er overladt til hestenes impulser. Det er det samme, der sker, når intelligensen mister kontrollen over sanserne. Det svarer til ikke at have nogen disciplin. Vi har fem sanser, som er tiltrukket af forskellige ting. Hvis ikke vi behersker dem, vil de trække os hjælpeløst rundt i manegen. Som sådan er det et akavet og usikkert grundlag at være udisciplineret.

Måske er det bedre at være disciplineret, men det afhænger selvfølgelig af, hvem der har kontrollen. Hvis man er blevet disciplineret af al-Qaeda, vil de fleste nok mene, at det havde været bedre at forblive udisciplineret. Men hvis man er disciplineret og handler under en intelligent, hæderlig og velmenende leders autoritet, burde man gøre en positiv forskel i verden. Værdien af disciplin afhænger i sidste ende af, hvem der har kontrollen.

Det er bedst at stræbe efter selvdisciplin og tage ansvar for sit eget liv. Men så er det nødvendigt at beherske sindet og sanserne, hvilket er en stor udfordring. Det indrømmes også i *Bhagavad-gita*: "Sanserne er så stærke og voldsomme, at de med magt fører sindet bort selv hos et intelligent menneske, der forsøger at beherske dem." Men samtidig bliver værdien af en sådan heroisk indsats understreget. "Den, der kan trække sine sanser tilbage fra sanseobjekterne, ligesom en skildpadde trækker sine lemmer ind i skjoldet, er fast forankret i perfekt bevidsthed." En sådan person kan vælge. Endnu engang, det er frihed.

KORT OPSUMMERING

Disciplin er at gøre, som der bliver sagt

*Selvdisciplin er at tage ansvar
for og beherske sit valg*

Disciplin er et trin på vejen til selvdisciplin

KAPITEL 3

Disciplens mentalitet

"Vi bærer alle frøene af storhed i os, men vi har brug for et forbillede, for at de kan spire"
- Epictetus, græsk filosof.

Ordet discipel kommer af det latinske "discipulus" og betyder "den, som lærer". Traditionelt har man som discipel en mester eller en *guru*, som man modtager viden og træning fra. Det har fungeret sådan i tusindvis af år, og moderne uddannelse hviler på det samme grundlag. Så hvis man regner sig selv for en moderne discipel i ordets bogstavelige forstand – én, som lærer – hvordan finder man da den rigtige mester, hvilken tilgang bør man have til sin uddannelse, og hvordan kan man accelerere indlæringsprocessen og opretholde den livet igennem?

Genvejen er en person

Det er essentielt at have læremestre, der kan introducere os til verden, og hvordan den fungerer. Uden dem er vi fortabte. Albert Einstein sagde engang: "Vi står i gæld til inderne, for de lærte os at tælle, og uden det kunne ingen afgørende videnskabelig opdagelse have fundet sted." Tænk engang, en af verdens største matematikere og fysikere takkede for noget så banalt som talsystemet. En anden stor videnskabsmand, Isaac Newton, indrømmede ligeledes: "Hvis jeg har set længere, er det ved at stå på skuldrene af kæmper."

Hvad er egentlig vores bidrag? Hvor meget af vores viden

og evner er selvskabte? Intet! Det er alt sammen gaver, vi er blevet givet. Viden og evner eksisterer uafhængigt af os, og vi kan være så heldige at komme i kontakt med dem gennem vores lærere. Hvad end man leder efter, findes det allerede derude et sted, og nogle har fundet det.

Albert Einstein behøvede ikke at genopfinde talsystemet. Vi behøver heller ikke at genopfinde hjulet eller den dybe tallerken. De findes allerede og fungerer udmærket. Hvis blot man kan forbinde sig med dem, der har tilegnet sig den viden og de evner, man søger, kan man spare en masse besvær. Det anbefales også i *Bhagavad-gita*: "Prøv blot at lære sandheden at kende ved at tilnærme dig en realiseret mester, udspørg og tjen ham. De store sjæle kan give dig viden, for de har set sandheden."

At søge en mester

I det gamle Indien var det skik, at en aspirerende discipel ville opsøge en mester. Mesteren kunne så vælge at acceptere eleven. Situation i dag er ret anderledes. Man opsøger for det meste ikke selv sine lærere, men bliver dem givet. Lærere må stå model til en masse utaknemmelighed og urimelige elever, og lønnen er ikke særlig god nu om dage. Derfor kan man heller ikke forvente, at de lærere, vi bliver givet, er af den højeste kvalitet.

Eftersom gode undervisere og rollemodeller er så afgørende for vores udvikling, hvorfor skulle man så tage til takke med dem, som man bliver tildelt af systemet? Hvorfor ikke selv tage ansvar for sit liv og finde en læremester, som man kan tage inspiration og vejledning fra?

Det er ofte tilfældet, at læreren vil vise sig, når eleven er klar. Så hvis man søger en mester, er den første forudsætning, at man har et stærkt ønske om af finde vedkommende. Man må også være parat til at gribe muligheden, når den byder sig. Mennesker er generelt venlige, og de fleste er glade for at dele, hvad de har lært. Som der står skrevet i Biblen: "Spørg, og du vil få svar, søg og du vil finde." Hvis ikke man spørger, får man højst sandsynligt heller ikke noget svar. Men hvis man finder en kvalificeret lærer og henvender sig med den rette attitude, vil man blive overrasket over, hvordan lykken vil tilsmile én.

Faktisk behøver man ikke direkte kontakt med store mestre for at få stor gavn af dem, selv om det klart kan anbefales at opleve dem på nært hold. De bedste mentorer, rollemodeller og læremestre venter tålmodigt på verdens bogreoler. Frit valg på alle hylder. Hvis man læser, kan man have intim kvalitetstid med de mest eftertragtede personer, der har eksisteret. Specielt nu om dage er der ingen undskyldninger for ikke at lære. Bøger er billigere end nogensinde før, og viden om ethvert cmne er frit tilgængeligt i alverdens letfordøjelige formater - video, podcasts, lydbøger osv.

Et fundament af respekt

Hvis man har fundet sin mester, hvad er så disciplens mentalitet? Hvordan relaterer man til sine lærere, så man kan få mest mulig gavn af dem? Anatomisk har vi brug for et stærkt bindevæv i form af ledbånd og sener, så knogler og muskler kan arbejde sammen. Forholdet mellem lærer og elev er på samme måde det bindevæv, der gør indlæringsprocessen gnidningsløs, smertefri og gavnlig. Hvis eleven ikke forstår sin position i forhold til læreren, eller hvis læreren ikke er elevens oprigtige velønsker, kastes der grus i maskineriet, og indlæringsprocessen forstyrres. Men hvis forholdet er godt, vil undervisningen være frugtbar.

Nogle lærere er spændende, dygtige og inspirerende og skaber naturligt en respektfuld atmosfære omkring sig. Andre er kedelige, uduelige og demotiverende. Til det kunne man spørge: "Skal man være ydmyg og respektfuld over for en person, der ikke gør sig fortjent til min respekt?" Med respekt i undervisningen mener jeg ikke ærefrygt og skræk, men påskønnelse og taknemmelighed. Hvis ikke man har spontan og naturlig respekt for personen, kan man se ud over personen og respektere vedkommende som en repræsentant for faget.

Sagen er, at hvis man er opmærksom, nærværende og nysgerrig, kommunikerer man respekt med sin adfærd, og éns lærer vil føle sig værdsat. Det kunne meget vel være den tiltrængte inspiration, vedkommende behøver for at tage sin opgave mere seriøst. Hvis ikke, er der intet tabt. Man har derimod fået muligheden for at kultivere en uvurderlig, universelt værdsat dyd – respekt – og hvis man kan gøre den til sin standardindstilling over for mennesker generelt, vil den belønne én med bedre forhold, nye venner og velønskere. Og i en undervisningssammenhæng gør en respektfuld atmosfære gode lærere bedre og motiverer de umotiverede til at gøre en mere helhjertet indsats.

Forbliv en evig elev

Jeg hørte engang en sjov fortælling fra den vediske litteratur med en god morale. Der var en konge, som havde en søn. Kongen var meget opsat på, at sønnen fik så god en skoling som mulig. Kongen besluttede sig for at spørge sin vise minister, hvor prinsen kunne få den bedste uddannelse. Ministeren svarede: "Mellem kvinders bryster!" Kongen, der tydeligvis blev forbavset, nåede ikke at formulere et svar, før ministeren begyndte at grine, mens han fortsatte: "Den bedste situation for en drengs uddannelse er der, hvor han har mistet interessen for sin mors bryster, og inden han får interesse for unge pigers bryster."

Pointen er ikke at lade sig distrahere. Den bedste tid til uddannelse er den tid, hvor man kan koncentrere sig. Det gælder for alle og ikke kun drenge, der er pjattede med bryster. Hvem end der kan vedligeholde sit fokus trods fristelser og distraktioner, kan fortsætte målrettet på vejen mod oplysning. Derfor oplærte man i vediske tider unge munke i naturlige og fredelige omgivelser fjernt fra byernes fristelser, hvor de med udelt opmærksomhed kunne koncentrere sig om at fremelske visdom uden at lade sig forstyrre af materiel lyst og besiddertrang. *Bhagavad-gita* råder ligeledes:"Hold derfor allerede fra begyndelsen dette begær nede ved at beherske sanserne og slå denne ødelægger af viden og selverkendelse ihjel."

Knæk dit ego

Næst efter begær er den største distrahering på vejen mod kompetencer og kundskab sandsynligvis ego. Egentlig betyder ego bare identitet, og der er ikke noget galt i at være en person. Så når man taler om ego i en negativ sammenhæng, refererer det for det meste til det falske ego eller en persons indbildte opfattelse af sig selv. Denne ofte forskruede selvopfattelse bliver en hindring på vejen, hvis man for eksempel tænker, at man ved det hele i forvejen, og at man ikke længere har brug for at lære noget af nogen.

Et godt moderne eksempel på en person, der forblev en ydmyg og lærenem elev på trods af overvældende succes, er Kirk Hammett, der som ung guitarist blev inviteret til at spille sammen med heavymetalbandet Metallica. Mange andre musikanter havde nok ladet en sådan hædersbevisning stige dem til hovedet, men ikke Kirk. Han forholdt sig ydmygt til situationen og begyndte tilmed at lede efter en læremester, så han kunne forbedre sine evner på trods af det faktum, at han allerede var professionel musiker og spillede for en af den tids største grupper. Han var udmærket klar over, at han havde fejl og mangler, og at der var plads til forbedringer. Han havde en ansvarsfornemmelse for sine fans og gruppens medlemmer og følte, at han havde pligt til at arbejde videre på sine evner. Så han opsøgte den legendariske guitarist Joe Satriani og blev hans elev. Han tog disciplens ydmyge position, lod sig velvilligt rette på, lavede flittigt sit hjemmearbejde og forfinede gradvist sine gaver.

Tænk, hvilket potentiale der er i sådan en attitude. Hvor hurtigt bliver man ikke selv bekvemmelig og stolt over, hvad man ved og kan? Svaret er altid for hurtigt, for der vil aldrig være en tid, hvor man ved det hele, og der ikke længere er plads til forbedringer. I *Bhagavad-gita* gives der en liste over symptomerne på sand viden, og det er bemærkelsesværdigt, at den første kvalitet er ydmyghed, og den anden er frihed fra stolthed. Men er det ikke bare at sige den samme ting på to forskellige måder? Jo, lige præcis. Hvorfor? Det er værd er tænke over.

KORT OPSUMMERING

Alle behøver en lærer

Respekt og ydmyghed accelerer indlæring

Forbliv altid en discipel

KAPITEL 4

Moderne udfordringer

*"O lærde vismand, i Kali-yuga, den materialistiske
tidsalder vil folk være stridige, dovne, vildledte,
uheldige og frem for alt altid forstyrrede."*
*- En forudsigelse fra Srimad-Bhagavatam
om den moderne verden*

Teknologi, underholdning og sociale medier

Den moderne verden er på mange måder meget anderledes
fra den verden, vores forældre, bedsteforældre og tidligere ge-
nerationer voksede op i. Ny teknologi har bragt nye mulighe-
der med sig. Man kan i dag bruge sin tid på flere meningsløse
aktiviteter end nogensinde før. Førhen var det slet ikke muligt
at spilde sit liv på computerspil eller serier, men nu kan man
med et tryk på en knap hidkalde alverdens underholdning
både dag og nat. Er det godt eller skidt?

Ting er hverken gode eller dårlige. Det kommer altid an
på, hvad de bliver brugt til. Det er godt at bruge en kniv til at
skære et stykke brød med. Det er mindre godt at bruge den
til at skære sig i armen eller stikke folk ned i byen. Teknolo-
gi, underholdning og sociale medier kan være oplysende og
informative, men de kan også være sorte huller, der med en
uimodståelig tiltrækningskraft suger intelligensen, kreativite-
ten og selve livet ud af verdens ungdom.

Hvorfor skulle man gøre noget spændende med sit liv, når
man altid bare kan se en spændende film? Det er også meget

lettere at bygge en karakter op i et computerspil end i virke-
ligheden. Hvorfor vise folk, at man påskønner dem, når man
bare kan synes godt om deres Facebook-status?

Fristelser, stimulanser og rusmidler

Vi bliver påvirket på en helt ny måde rent psykologisk. Vi
skal forholde os til smarte telefoner, der evindeligt vibrerer.
Vores sanser er under konstant angreb af millioner af lyde og
billeder fra reklamer såsom dem, der er designet til at fange
vores opmærksomhed og narre os til at bruge penge på ting,
vi ikke har brug for.

Alle ved, at alkohol dræber hjerneceller, men hvem ser skævt
til, at man fester et par gange om ugen? Det er standard nu om
dage. Men bare fordi noget er normalt, er det så ensbetydende
med, at det er godt eller harmløst? Selv hvis man ikke er den
store festabe, har man nok stadig spist mere sukker i en alder
af tre år, end man for hundrede år siden gjorde på et helt liv.

Det vil være naivt at tro, det ikke efterlader ar og dybe
forstyrrelser i vores bevidsthed på måder, som tidligere ge-
nerationer ikke ville kunne have forestillet sig i deres vildeste
fantasi. Hvordan påvirker det ikke vores koncentrationsevne,
hukommelse og selvdisciplin?

Jeg priser mig selv lykkelig for, at jeg stoppede selv med
at tage rusmidler i en ung alder. Men jeg kan ikke lade være
med at tænke på, hvor meget af mit potentiale der gik tabt.
Men sket er sket, og man skal ikke græde over spildt mælk.

Psykiske lidelser

Et andet vidt udbredt fænomen i den moderne verden er

psykiske lidelser. De mest normale er stress, angst og depression. Det er ekstremt alarmerende, hvor almindelige disse lidelser er.

Undersøgelser viser, at 45% af universitetsstuderende under presset af tårnhøje forventninger har symptomer på stress i hverdagen, og i eksamensperioden er tallet væsentligt højere! Unge sygemelder sig med stress og depression på stribe.

Det er interessant at sammenligne disse tendenser med beskrivelserne af det Vediske samfund, hvor de intellektuelles første kvalifikation var fred og sindsro. Hvis fremtidens intellektuelle i bogstaveligste forstand er ved at gå i spåner, hvor efterlader det os så ikke?

Det er nu blevet almindeligt at afhænge af lykkepiller og antidepressiv medicin for at håndtere dagligdagen. En hurtig søgning på 'danskere', 'stress', 'depression' og 'social angst' vil blive besvaret af nogle foruroligende tal. Så meget for verdens lykkeligste nation.

En vaccine af selvdisciplin

Kunne det tænkes, at man ved hjælp af selvdisciplin kan danne bestemte adfærdsmønstre og derved beskytte sig mod disse moderne udfordringer på samme måde, som man med en vaccine kan gøres immun over for en sygdom?

Uden enten disciplin eller selvdisciplin kommer man ikke til at arbejde med sine evner og talenter. De år, hvor min selvdisciplin var svagest, var også de år, hvor jeg udviklede mig mindst. Jo mere jeg sløsede med mig selv, desto stærkere blev mine dårlige vaner, og følelsen af ikke at være herre i eget hus påvirkede min selvtillid. Når man først mister troen på sig selv, er der ikke langt til de før omtalte psykiske lidelser såsom angst og depression.

Disse moderne udfordringer arbejder tilsyneladende rigtig

godt sammen. Hvis man for eksempel lider af social angst, er det fristende at forsvinde ind i parallelle universer af TV-serier og computerspil. Hvis man sidder foran en skærm det meste af dagen, får man ikke hverken den fysiske eller emotionelle stimulans, som man har brug for. Det kan nemt resultere i depression, som man kan flygte fra ved at drikke eller gemme sig i en hashtåge.

Man behøver ikke at holde sig til stereotyperne. Den moderne verden tilbyder en bred vifte af alternativer, så der er rig mulighed for at være original og ødelægge sit liv på en helt unik og enestående måde.

Selvdisciplin er i dag vigtigere end nogensinde før! Vi har simpelthen brug for det til at vaccinere vores sunde fornuft, drømme og ambitioner mod de mange distraktioner og fristelser, der truer os. Selvdisciplinens vaccine har ingen skumle bivirkninger. Det er ren trylledrik!

KORT OPSUMMERING

Der er flere distraktioner end nogensinde før

Bliv ikke et offer for moderne kultur

Værn om dine drømme med selvdisciplin

KAPITEL 5

Din bedste ven eller værste fjende

"For den, der har besejret sindet, er sindet den bedste ven, men for den, som det er mislykkedes for, vil sindet være hans værste fjende."
- Bhagavad-gita

Har du nogensinde gjort noget, som du egentlig godt vidste var forkert? Noget, som du egentlig ikke havde lyst til, men samtidig ikke kunne lade være med at gøre, og som du med det samme fortrød? Hvad er det for en kraft, der tvinger os til at handle imod vores vilje?

Sanserne, sindet og intelligensen

Vores sanser opsamler konstant indtryk: former, farver, lyde, dufte, smag og følelser. Sindet kategoriserer dem som gode og dårlige i overensstemmelse med vores tidligere erfaringer. Derfor kan to mennesker have vidt forskellige oplevelser af den samme ting. Hvis man er blevet skambidt af en hund som lille og har et dybt traume derfra, tænker man sandsynligvis anderledes på hunde end en person, der voksede op med en hund som sin bedste ven.

Når sindet har sorteret et indtryk som godt eller dårligt, træder intelligensen dernæst ind og vælger en reaktion. Jo mere intelligens, jo flere muligheder. Hvis et lille barn for eksempel ser en hund, og sindet kategoriserer hunden som god, bliver barnet ovenud begejstret, men ved ikke, hvad det skal stille op med sin begejstring. En mere erfaren person vil have flere muligheder. Han kan både klø den bag øret eller lege hent pinden.

Efter sindet har anbragt tingene i kasser, bestemmer intelligensen vores respons. Både sindets opfattelse og kategorisering af verden omkring os og vores reaktion på den sker for de flestes vedkommende helt automatisk, uden at vi er bevidste om processen. Hvis man ser et stykke lækkert kage, beslutter man ikke, om man er tiltrukket eller ej. Det sker bare.

Er du din egen værste fjende?

Hver eneste dag vælger vi ting, der ikke er i vores egen interesse. Hver gang vi spiser noget, som vi kommer til at fortryde senere, hver gang vi tænker negative tanker, som medfører følelser af elendighed, og hver gang vi bruger penge på noget åndsvagt, som vi ikke har brug for, handler vi imod vores egen interesse. Hvorfor gør vi det? Er livet ikke hårdt nok i forvejen?

En fjende kan defineres som et væsen, der handler på en måde, der modarbejder ens velvære. Derfor er det på ingen måde en overdrivelse at sige, at vi i mange tilfælde er vores egen værste fjende. Det burde få en klokke til at ringe. Lad os ikke modarbejde os selv længere. Lad os stoppe med at tage valg, der hæmmer vores potentiale og saboterer vores drømme! Lad os ikke længere være vores egen værste fjende. Lad os danne en alliance med sindet og blive vores egen bedste ven og velønsker.

Bliv din egen bedste ven

Sindet er en ven, når det er under kontrol af god intelligens. Sindet kan sammenlignes med et barn, som har brug for en hjælpende hånd. Derfor må intelligensen være en ansvarlig forælder, der hjælper med at identificere tingene korrekt, så de sammen kan tage fornuftige beslutninger.

Børn ved ofte ikke, hvad der er bedst for dem selv. Det gør sindet heller ikke. Derfor må det trænes, tilvænnes og opdrages. Opdragelse er hårdt arbejde. Det er lettere at forkæle end at disciplinere, men forældre, der elsker deres børn og ønsker dem det bedste, ved, at de bliver nødt til at disciplinere dem, og at det er et udtryk for deres kærlighed. Så prøv ikke at tænke på selvdisciplin som en form for straf, men som udtryk for kærlighed og omsorg.

Næste gang du skal til at gøre noget, du godt ved ikke er smart, kan du sige til dig selv: "Lad være!", "Stop!", "Tag dig sammen!" Hvad med at forsøge med en kærligere tone? Prøv sådan her: "Jeg ved, at du har lyst til … men jeg elsker dig for meget til at lade dig gøre det!"

Man kan måske tøjle sit sind med magt. Men kærlighedens reb er meget stærkere, og når sindet er disciplineret, er det kun naturens love og ens egne prioriteter, der bestemmer, hvor højt der er til loftet, og hvad man kan udrette med sit liv.

KORT OPSUMMERING

Sindet kan omprogrammeres

Stop med at tillade de valg der bremser dig

Selvdisciplin er at opdrage sindet med kærlighed

KAPITEL 6

Nydelse og tilfredshed

*"Det er den vises natur at modstå fornøjelser,
men tåbens at være deres slave."*
- Epictetus, Græsk filosof

Sanselig nydelse

Med undtagelse af dem, der også er udstyret med humor eller ser spøgelser, har vi kun fem sanser: syn, hørelse, smag, føle- og lugtesans. Sansernes primære funktion er at interagere med verden omkring os og indsamle information om omgivelserne. Uden sanserne var vi magtesløse. Men ligesom sindet bør de beherskes.

Hvorfor bør de beherskes? Fordi de har en sekundær funktion: nydelse. Når de fem sanser kommer i kontakt med omverdenen, oplever vi form, lyd, smag, duft og berøring. Denne sanselige stimulans fortolkes i sindet som god eller dårlig, og på baggrund af vores tidligere oplevelser er vi henholdsvis tiltrukket eller frastødt af forskellige objekter.

Problemet er, at vores fortolkning af, hvad der er godt og dårligt, ofte er forræderisk! En mus får færten af et stykke ost på en træplade, og dens mund løber i vand. Den identificerer osten med sanselig nydelse, og forblændet af lyst ser den ikke fælden og løber ivrigt sin egen undergang i møde. På samme måde kan vi let komme til at gøre skade på os selv, når vi forventer at finde lykke i sanselig stimulans.

Der er et tankevækkende vers i *Bhagavad-gita*, der forklarer, at jagten på nydelse er kilden til frustration og utilfredshed. Hvorfor? Fordi det er midlertidigt. Tænk over det. Man spiser en god plade chokolade, og det er selvfølgelig dejligt. Men allerede før man er færdig, begynder sindet at fortvivle: "Åh nej! Lige om lidt er det slut!" Hvis man regner nydelse for fundamentet for éns lykke, tvinger det én til at bevæge sig fra den ene stimulans til den næste i søgen efter kortvarig tilfredsstillelse. Derfor konkluderer *Bhagavad-gita*: "Kun den, der ikke lader sig forstyrre af strømmen af ønsker, kan finde fred, og ikke den, der forsøger at opfylde dem."

Pointen er ikke, at det er forbudt at nyde sanserne. Men hvis sanselig nydelse er fundamentet for ens glæde, sætter man sig selv op til skuffelse. Det er åbenlyst kortsigtet. Lidt ligesom at leve på en diæt af pizza og cola. Heldigvis er der et godt alternativ.

Tilfredshed

Nydelse kommer udefra, tilfredshed kommer indefra. De er diametrale modsætninger til hinanden. Tænk over det: Hvordan kan man være tilfreds og lyste efter sanselig nydelse samtidig? Så er man jo netop ikke tilfreds. Jo mere man er tilfreds, jo mindre vil man have behov for at tilfredsstille sine sanser.

Et godt eksempel er at være liderlig. Liderlig. Det er et sjovt ord. Har det noget med lidelse at gøre? Er det ikke præcis, hvad seksuelt begær er: en tilstand af lidelse, vi prøver at lindre med sex? Hvis målet er midlertidig nydelse, er sex nummer et. Men hvis målet er tilfredshed, er sex lige så lidt en løsning, som at kradse løser problemet ved kløe.

Løsningen på kløe er ikke en kløpind. At kradse i overfladen er symptombehandling, og fjerner ikke problemet. Det ville være smartere at finde årsagen til kløen. Så hvis vi gerne vil løse vores tilfredshedsproblem, er det oplagte spørgsmål: "Hvorfor er jeg ikke tilfreds?"

Sanselig stimulans fører os kun længere væk fra den ønskede tilstand af tilfredshed. Mere vil have mere. Før jeg bliver sat i gabestokken på Rådhuspladsen, vil jeg understrege, at jeg ikke mener, at sex og sanselig stimulans er forbudt eller syndigt. Jeg forsøger blot at sige, at det ikke er svaret, og at vi i vores søgen efter lykke må finde en højere smag.

KORT OPSUMMERING

Nydelse er midlertidigt og leder til frustration

*Ubehag i begyndelsen
bliver tilfredshed i længden*

*Hvis man allerede er tilfreds,
er nydelse overflødigt*

KAPITEL 7

Mål og prioriteter

"Du må have en drøm. Hvis du ikke har en drøm,
hvordan kan du så få en drøm til at gå i opfyldelse?"
- Oscar Hammerstein II, musiker

Vigtigheden af et defineret mål

Har du set Alice i Eventyrland? Der er en scene vi kan lære noget af. Alice vandrer forvildet og forvirret igennem Eventyrland. Hun ved hverken, hvor hun er, eller hvor hun er på vej hen. Hun møder en talende kat, som hun fortvivlet spørger: "Kan du fortælle mig, hvilken vej jeg skal gå?" Den filosofiske kat svarer med et glimt i øjet: "Det kommer an på, hvor du skal hen." "Jeg ved ikke, hvor jeg skal hen." indrømmer Alice. Katten smiler og siger: "Jamen, så er det lige meget, hvilken vej du går. Det samme gælder for os.

Hvor er du nu?

Først må man have en fornemmelse af, hvor man er. Hvad er din situation lige nu? Hvad er med andre ord dine evner og talenter? Hvad er dine styrker, og hvad er dine svagheder? Hvordan er din dagligdag? Hvad er din sociale situation? Hvordan er dit helbred? Hvad er dine fysiske, sociale og finansielle ressourcer såvel som behov? Skriv det ned, så du har et overblik. Kortlæg din situation. Hvor er du i dit liv?

Hvor er du på vej hen?

Det næste punkt er éns mål. Det er interessant, at mange mennesker ikke har et konkret mål i livet. Prøv at lave en lille rundspørge blandt venner og familie: "Hvad er dit mål i livet?" De personer, der resolut kan præsentere et gennemtænkt svar, har langt større chance for at lykkes end dem, der ikke er afklarede.

Nogle laver en filosofi ud af ikke at have et defineret mål og foretrækker 'at tage livet, som det kommer'. Jeg kan ikke lade være med at tænke, om de virkelig mener det? Det fungerer måske i nogle tilfælde, hvor livet udspiller sig som en Disney-film, men hvad nu, hvis din filosofi efterlader dig hjemløs, ensom, syg og uden tænder? Jeg foretrækker personligt at have nogle definerede mål, som jeg finder meningsfulde og inspirerende.

Derfor er det klogt at spørge sig selv: "Hvad er mine mål i livet? Hvad er succeskriteriet for min eksistens?" Hvis det virker uoverskueligt, og éns mange mål er som en hårknude - udefinerede, usammenhængende, ikke prioriterede eller peger i vidt forskellige retninger - kan man prøve at udrede dem på papir.

Hvis man ved, hvor man er, og man ved, hvor man vil hen, er den korteste afstand mellem de to punkter en lige linje. Det bliver selvindlysende, hvilken vej man skal gå, og hvad der skal til for at få sine drømme til at gå i opfyldelse. Hvis det er klart, og man er væbnet med viden og de rette værktøjer, er det kun tiden, der adskiller drøm fra virkelighed.

Pas på med for mange bolde i luften

De, der har mange forskellige mål, er tilbøjelige til ikke at nå nogle dem. Jo flere ting man skal tænke på, jo mindre kan man koncentrere sig om hver enkelt. Jo mere man omfavner, jo mindre kan man klemme. Det er en af grundene til, at forældre sender deres børn i privatskoler: Mange elever i klasseværelset betyder, at læreren ikke kan give hver enkelt elev sin fulde opmærksomhed. Det er det samme med dine mål. Man bliver nødt til at være selektiv, og anerkende at nogle ting er mindre vigtige, og at man for alt i verden ikke må lade disse bagateller stå i vejen for sjælens inderste længsler.

Kortsigtede og langsigtede mål

Prøv at skrive alle dine mål i livet ned på en liste og sorter dem efter kortsigtede og langsigtede. Et kortsigtet mål kunne eksempelvis være at gennemføre gymnasiet, og et langsigtet mål kunne være at fuldende en universitetsuddannelse.

Listen giver dig et visuelt overblik. Dernæst kan du prioritere de langsigtede mål efter værdi. Marker dem 1, 2, 3 og så videre. Fjern dem af mindre værdi. Husk på, at jo flere ting du har at koncentrere dig om, jo mindre opmærksomhed kan du give til hver enkelt.

Med dine langsigtede mål kogt ned til et par få essentielle kan du gå tilbage til dine kortsigtede mål. Pointen er at bruge dine kortsigtede mål som skridt på vejen mod dine langsigtede mål. Lig dem på rad og række og tag dem ét ad gangen.

Der er en interessant dynamik mellem situation og destination. Hvis man har en destination, og man tager de nødvendige skridt, bliver dagens destination morgendagens situation. Hvis man for eksempel har et ønske om at komme i god form, og man arbejder hårdt for det, vil man også komme i god form. Fra situation til destination, som så bliver den næste situation.

Del et stort mål op i mindre bidder

Jeg har en god ven, der arbejder med køer. Han blev engang ringet op fra stalden midt om natten. En ko var ved at blive kvalt. Han skyndte sig derned. Koen lå på jorden og hev panisk efter vejret. Han beroligede den og rakte hånden langt ned i halsen på den, hvor han mærkede noget, der havde sat sig fast. Det viste sig at være en stor flot kartoffel.

På samme måde kan et stort mål være uoverskueligt, og man kan nemt få det galt i halsen. Derfor skal man spise en stor kartoffel én bid ad gangen. Det samme gælder, når man skal løse en stor opgave. Det er mere overskueligt at tage et lille mål ad gangen og bruge det som skridt på vejen mod et større mål.

Afstanden til målet er ikke så lige vigtig, som vores retning og hastighed er det. Det er lige meget, om der er langt, hvis man bare bevæger sig i den rigtige retning. Man kan ikke gøre noget for at ændre afstanden, men man kan ændre på sin retning og sit tempo.

KORT OPSUMMERING

Uden et mål er man allerede faret vild

For mange mål leder til ubeslutsomhed

Nå store mål med små skridt

KAPITEL 8

Regler for effektivitet

*"Der er to former for effektivitet: At gøre ting
rigtigt og at gøre de rigtige ting."*
- Peter Drucker, forfatter

Selvdisciplin og effektivitet

Vi vil gerne gøre en minimal indsats og få et maksimalt udbytte. Vi vil med andre ord gerne være mere effektive. Men som Peter Drucker påpeger, er der to former for effektivitet: at gøre ting rigtigt og at gøre de rigtige ting.

Med en stærk selvdisciplin kan man gøre flere ting hurtigere og bedre. Det lyder jo meget godt. Men pas på! En af de værste måder, man kan spilde sin tid på, er ved at gøre et godt stykke arbejde, der er helt unødvendigt og måske endda uhensigtsmæssigt. Som Stephen Covey bemærkede det: "Hvis stigen ikke læner mod den rigtige mur, fører hvert skridt, vi tager, os blot til det gale sted hurtigere."

Fire niveauer af effektivitet

*"Der er fire klasser af mennesker: den doven
intelligente og den aktivt intelligente, det dovne
fjols og det aktive fjols. Et førsteklasses menne-
sker er doven intelligent."*
- Srila Prabhupada

Doven intelligens

En doven person gider ikke at anstrenge sig mere end højst nødvendigt. Det betyder ikke nødvendigvis, at han sover hele dagen og intet udretter med sit liv. En doven intelligent person kan være langt mere effektiv end en travl intelligent person for ikke at tale om det travle fjols og det dovne fjols. Hvordan det?

Den doven intelligente person fokuserer på essensen. Han handler kun på det, der er vigtigt. Derfor arbejder han ikke nødvendigvis mere, men hans arbejde har en større effekt. Han udskyder bevidst ting, der ikke er af afgørende betydning. Warren Buffett, en af de rigeste mænd i verden, blev engang spurgt om sin hemmelighed til succes. Han svarede: "Simpelt. Jeg siger bare nej til alt, der ikke er absolut nødvendigt for mig på nuværende tidspunkt."

Den doven intelligente person er desuden ekspert i at uddelegere. Han har brug for frie hænder. Derfor prøver han så vidt muligt at uddelegere opgaver, ikke fordi han ikke selv kunne gøre dem, men hans tid er bedre brugt på at tænke.

Aktiv intelligens

De to former for effektivitet - at gøre ting rigtigt og at gøre de rigtige ting - er en af de primære forskelle på travl intelligens og doven intelligens. En person med aktiv intelligens kan være enormt virksom og kompetent. Han gør tingene rigtigt og finder glæde i at være engageret, men han bruger mindre tid på at tænke end den doven intelligente, og derfor fælder han nogle gange det forkerte træ og spilder tiden.

En aktiv intelligent person arbejder bedst under ledelse af

en person med doven intelligens. Det er en stærk kombination. Den ene har visionen, og den anden fører den ud i livet.

Det dovne fjols

Denne personlighedstype er håbløst ineffektiv, men rimelig harmløs. Han ødelægger mest bare sit eget liv. Ligesom den doven intelligente person laver han så lidt som muligt, men hvad han laver, er til gengæld ganske værdiløst. Han kan sagtens få et årti til at gå med at spille computerspil i sine forældres kælder og har ingen skrupler med at leve som en parasit på andres godhed. Han har ingen definerede mål og derfor intet at bevæge sig hen imod.

Hvordan kan sådan en person rejse sig fra sin dovne eksistens? Igennem godt selskab. Han afhænger af en person, der kan kaste ham et reb og hive ham ud af hans hul. For dem, der prøver at hjælpe sådan en person, er det vigtigt at huske på, at det ikke er nok at smide ham et reb. Han skal også have ønsket om at komme ud. Ellers bliver han bare siddende.

Det travle fjols

Jeg rejste engang i Indien, hvor jeg så en abe, der var travlt optaget af forgæves at sabotere en lygtepæl. Det er et klassisk eksempel på et travlt fjols. Hans handlinger er meningsløse og ofte til mere skade end gavn for ham selv og for andre.

Fordelen ved det travle fjols frem for det dovne er hans aktive natur. Han skal ikke stimuleres til at handle. Det foregår allerede. Han skal bare have en hjælpende hånd og ledes i den rigtige retning. Han har brug for en person, der fortæller ham, hvad han skal gøre, og hvordan han skal gøre det.

Hvis vi gerne vil være effektive, er doven intelligens den bedste platform at handle ud fra. Srila Prabhupada talte engang om vigtigheden af sund fornuft, hvortil en ung mand spurgte ham: "Hvad nu, hvis man ikke har sund fornuft?" Svaret var enkelt: "Spørg en, der har det." Hvis man kender en mester i doven intelligens, kan man tage ved lære af vedkommende, og anvende den gode discipels attitude vi diskuterede tidligere.

Paretos lov

Den italienske økonom Vilfredo Pareto skrev for første gang om 80/20-reglen eller Paretos lov tilbage i 1895. Det er en lov, som ikke alle er klar over, men som tilsyneladende gennemsyrer verden. Dens anvendelse harmonerer smukt med Srila Prabhupadas ide om doven intelligens.

80/20-reglen

I en nøddeskal: Mindretallet af årsager redegør for størstedelen af effekterne. Hvad vil det sige? Pareto opdagede igennem sine økonomistudier en naturlig balance mellem, hvad han kalder de "afgørende få" og de "trivielle mange". Han så, at 20% af befolkningen, "de afgørende få", sad på 80% af pengene og indflydelsen. Senere hen opdagede han, at det samme princip gjorde sig gældende, hvor end han kiggede hen.

20% af en forretnings kunder er årsag til 80% af salget. 20% af deres produkter er årsag til 80% af indtjeningen. 20% af tøjet i klædeskabet bliver brugt 80% af tiden. 20% af et gulvtæppe bliver udsat for 80% slid. 20% af kriminelle er ansvarlige for 80% af kriminaliteten. 20% af folk, der drikker øl, drikker 80% af øllene. 20% af vores aktiviteter giver 80%

af vores resultater!

Det interessante er, at hvis man har en liste med ti ting, man skal, er der sandsynligvis to ting på listen, der er meget vigtigere end de otte andre til sammen.

Kvalitet frem for kvantitet

Det kan tage lige så lang tid, hvis ikke mere, at udføre én af de mange trivielle opgaver, som det ville tage at udføre én af de afgørende få. Men forskellen er uden sammenligning. En eller to vigtige opgaver vel udført kan give et væsentligt mere substantielt resultat end fem til ti mindre vigtige opgaver, som ville kræve lige så meget arbejde.

Så hvad bør man prioritere? Svaret er åbenlyst: De afgørende få, selvfølgelig! Beklageligvis er tendensen, at folk oftest udskyder de afgørende ting, der har potentialet til at gøre en stor positiv forskel for dem selv og for andre. De holder sig selv travlt beskæftigede med trivielle aktiviteter, der giver minimale resultater. Det er et sørgeligt mønster. Et spild af potentiale.

Personer, der er travlt optagede dagen lang med de mange trivielle opgaver, og som aldrig rigtig kommer til de afgørende få, kan arbejde hårdere og længere, løbe hurtigere og råbe højere, men de formår aldrig at være lige så effektive som de personer, der tager sig af de vigtigste opgaver først og bagefter af de mindre vigtige.

Find de 20%

Hvad end man foretager sig, uanset om man er studerende, lønmodtager, selvstændig, husmor eller statsminister, har man en tallerkenfuld af ting, der skal gøres hver eneste dag

Tag dig god tid til først at overveje dine muligheder. Hvad er de afgørende få, og hvad er de trivielle mange? Hvad kan jeg gøre på nuværende tidspunkt, der vil tilføje mest værdi til mit og andres liv? Husk at skrive det ned! Tænk på papir.

Invester i de 20%

Når vi har fundet de aktiviteter, som det bedst kan betale sig for os at bruge vores tid på, installerer vi dem i vores frontallapper som vores indiskutable prioriteter. Gør det til en regel ikke at bruge tid på en masse trivielle ting, før de essentielle er blevet taget hånd om.

Det er vigtigt at være sensitiv, fleksibel og ofte gennemtænke sin situation. Hvad der er afgørende vigtigt nu, er det måske ikke om en måned. Vores afgørende få ændrer sig højst sandsynligt, så vi må være justerbare. Noget er måske afgørende vigtigt som et led i en proces, og når det punkt er nået, erstattes det af et andet.

Find balancen og undgå ekstremer

Det er let at være effektiv på kort sigt, men hvis den langsigtede effekt af vores såkaldte effektivitet er søvnunderskud, stress, fejlernæring, og at vi ikke tager os tid til de mennesker, der betyder noget for os, er vi overhovedet ikke effektive, tværtimod.

Da jeg for nogle år tilbage tog min værnepligt, gennemgik vi i begyndelsen af forløbet forskellige konditionstest. En af dem var den klassiske Cooper-test: Hvor langt kan man løbe på 12 minutter? En lidt overentusiastisk menig, der var ivrig efter vise sig frem, startede ud i øredøvende tempo og efterlod os andre i støvet. Der gik dog ikke længe, inden han var tom for energi, og vi overhalede ham en ad gangen, mens han lå i vejkanten og hev efter vejret. Livet er et maraton og ikke et sprint. Derfor er det vigtigt at finde balancen og sætte et tempo, man kan holde til i længden.

Balance i praksis

Det er af altafgørende betydning for kvaliteten af vores liv, at vi vedligeholder et godt helbred. Det betyder, at vi må spise sundt, motionere og få hvilet tilstrækkeligt, så vi ikke brænder ud. Det er absurd, at nogle folk ikke er villige til at bruge tid eller penge på deres helbred. Faktum er, at hvis vi ikke tager tid til vores helbred, må vi tage tid til sygdom.

Det samme gør sig gældende i alle livets aspekter. Vi må finde balancen. "Man kan ikke blive en yogi, hvis man spiser for meget eller spiser for lidt, sover for meget eller ikke sover nok. Den, der er afbalanceret i sine vaner med hensyn til spisning, søvn, fornøjelse og arbejde, kan leve lykkeligt ved at praktisere yoga." – *Bhagavad-gita*.

KORT OPSUMMERING

Hvad gør den store forskel?

*Afskriv mindre opgaver
og fokuser på det vigtigste*

Find balancen og undgå ekstremer

ANDEN DEL

HANDLING

"Visioner uden handling er blot hallucination"
- Thomas Edison

Den korteste afstand mellem to punkter er en lige linje. Første del kortlagde vores udgangspunkt, *sambandha*, den nødvendige viden om vores situation her og nu. Anden del, som vi tager hul på her, drejer sig om handling eller udførelse, som på sanskrit kaldes *abhideya*.

Abhideya er linjen, der forbinder to punkter og bringer os fra der, hvor vi er i dag, til der, hvor vi gerne vil være. Vi kommer til at gennemgå effektive metoder til at styrke vores selvdisciplin og gode vaner, som er både selvforstærkende og generelt opløftende.

Jeg har prøvet at videreformidle, hvad jeg har lært gennem egne erfaringer i de kommende kapitler. Min hensigt er at udruste læseren med værktøjer, der kan bruges til at konstruere en positiv opadgående spiral. Hvorhen og hvor højt den kan løfte os, afhænger udelukkende af, hvad vi beslutter os for, og hvor meget vi er villige til at investere.

Jeg vil opfordre til, at man først læser kapitlerne hurtigt igennem for at få et overblik og noterer, hvad der inspirerer mest. Læs derefter de kapitler, der er mest relevante på nuværende tidspunkt, lidt grundigere og tænk over, hvordan ideerne kan benyttes i dit liv.

At etablere de omtalte discipliner har for mig været en gradvis proces, der har strakt sig over flere år. Tag det roligt. Man behøver ikke at implementere det hele fra dag ét. Det er fint, hvis man kan starte med at tage en enkelt ting eller to til sig og så vende tilbage lidt senere, når man er blevet sulten efter mere. God fornøjelse!

KAPITEL 9

Bliv klar til kamp

"Jeg hadede hvert eneste minut af min træning, men jeg sagde: "Giv ikke op. Lid nu og lev resten af livet som en mester."
- Muhammad Ali

Den selvdisciplinerede atlet

Det er svært at finde bedre eksempler på selvdisciplin end professionelle atleter, der ånder og lever for deres sport. Når vi ser en atlet i kampens hede begå sig med beundringsværdig dygtighed og grænsende til perfekt koordination, ser vi en begivenhed ude af kontekst. Vi ser et resultat. Hvad vi ikke ser, er tusindvis af timers hård træning, utrættelig beslutsomhed, ekstrem dedikation, blod, sved og tårer, der har bragt ham til der, hvor han er i dag.

Medfødte talenter og en solid genpulje har helt bestemt en favorabel indflydelse, men talent uden træning visner som en blomst uden vand. Den afgørende faktor er selvdisciplin. Fodboldlegenden Pelé formulerede det således: "Succes er intet tilfælde. Det er hårdt arbejde, vedholdenhed, tillæring, opofrelse og kærlighed til det, man gør."

Måske har du, eller måske har du ikke et brændende ønske om at blive professionel atlet. Men højst sandsynligt ønsker du et godt liv, og så er sundhed en vigtig ingrediens. Det kræver også selvdisciplin at komme ind i en god helbredsrutine, men heldigvis ikke nær så meget som at vinde Tour De France.

Værdien af vedholdenhed

Man kan ikke oparbejde et godt helbred eller en stærk krop på et par uger eller måneder. Det tager tid og tålmodighed. Mange drømmer om at leve sundere, men har ikke den nødvendige selvdisciplin til at nedbryde deres dårlige vaner og leve det liv, de ønsker at leve.

En undersøgelse blandt folk, der havde taget træningsrelaterede nytårsforsæt, viste, at 46% var faldet fra inden for et halvt år. Det er alarmerende, men ikke overraskende, hvor dårlige vi er til at stå ved vores beslutninger!

En anden statistik viser, at 67% af medlemmerne af fitnesscentre aldrig benytter dem! Hvorfor? Medlemskortet er selvfølgelig flot, men stadig ... Vi må antage, at der er et ønske om at træne. Hvorfor skulle man ellers betale et dyrt medlemskontingent? Det er endnu et udtryk for, at selvdisciplin er en mangelvare i den moderne verden.

Hvis man kan komme ind i vanen og træne regelmæssigt, vil den ene vane lede til andre gode vaner! Tendensen er, at individer, der påbegynder regelmæssig fysisk aktivitet, bliver bedre til at få kontrol over negative mønstre som overspisning, rygning og andre former for misbrug. Naturligvis! Hvorfor skulle man arbejde på at styrke sit helbred samtidig med, at man arbejder på at ødelægge det? Det er lige så dumt som at hælde vand på et bål, man prøver at tænde.

Gode råd

Jeg vil ikke bruge alt for megen plads på at gå ind i de mange detaljer om, hvordan man skal træne. Der er mange andre, der er langt mere kvalificerede til at vejlede i den henseende.

Jeg vil i stedet fokusere på at motivere dig til at komme ind i en god rutine, hvis du ikke allerede har en. Hvis du allerede har en, vil jeg opfordre dig til at se den i sammenhæng med den generelle kultivering af selvdisciplin.

Motivation

Hvordan man træner, afhænger af hvorfor. Hvad er motivet? Der er stor forskel på at træne for styrke, kondition, smidighed, generel sundhed eller noget femte. Så bliv afklaret med hensyn til motivet. Hvis man ved, hvor man er, og man ved, hvor man vil hen, er vejen dertil indlysende. Hvis man gerne vil være olympisk mester i dødløft, skal man bruge noget lidt tungere end en hulahopring.

Min egen motivation er velvære og sundhed på langt sigt. Jeg vil gerne strække min ungdom så længe som muligt. Jeg vil gerne have en krop, der fungerer nogenlunde, så jeg kan fortsætte med de aktiviteter, jeg holder af, også når jeg bliver gammel. Ældre krumbøjede mennesker med slidgigt og gangstativer motiverer mig! Sådan har jeg ikke lyst til at ende! De minder mig om, hvorfor jeg træner.

Jeg nyder at kunne sidde komfortabelt i lotusstilling, stå på hovedet, røre tæerne og strække rygsøjlen rigtig godt igennem for ikke at tale om at hoppe, løbe, danse og gå lange ture. Det kunne jeg godt tænke mig at blive ved med. Derfor har jeg en rutine af yogaøvelser, som jeg er rigtig glad for.

Fysisk og mental sundhed

Fysisk træning har nogle åbenlyse fordele. Bare husk ikke at komme til skade! Det er godt for hjerte og blodcirkulation, styrker muskler, knogler og bindevæv, fremmer iltoptagelse, fordøjelse og meget andet. Men der er også nogle spændende, men ikke nær så omtalte sidegevinster ved motion.

Kroppens bevægelser koordineres af hjernen. Neurologen Dr. Daniel Wolpert hævder, at hjernens hovedsagelige funktion er at administrere bevægelser. Han giver et eksempel med en blæksprutte, der lever det meste af sit liv på en sten. Så snart den har fundet en god sten, behøver den ikke længere at svømme, så den går straks i gang med at fordøje sin egen hjerne! Hans hypotese er: Jo mindre bevægelse, jo mindre hjerne er der brug for.

Det kan godt være en skræmmende tanke, hvis man lever et lidt for stationært liv, f.eks. i en kontorstol foran en computer. Sidder du bare som en blæksprutte på en sten og fordøjer din egen hjerne? Det lyder måske overdrevet, men der er en klar sammenhæng mellem for lidt bevægelse og neurologiske sygdomme som Alzheimers, demens osv.

På den lyse side: Hjernen vokser ved bevægelse. Dr. Wendy Suzuki, professor og hjerneforsker på New Yorks Universitet, har gennem sin forskning påvist, at hjernen vokser sig større og sundere gennem regelmæssig fysisk aktivitet. Små mirakler forekommer både i frontallapperne og hippocampus ved motion. Neurologer mener, at frontallapperne koder for vores personlighed, koncentration, motivation, beslutningstagning, sprog og meget andet, og at hippocampus hovedsageligt arbejder med hukommelse og minder.

De psykiske fordele ved fysisk træning alene er så ønskværdige, at hvis man kunne fremstille en pille, der gav de samme resultater som stærkere intelligens, indlæringsevne, hukommelse, koncentration samt bedre humør, følelseshåndtering og mindsket risiko for stress, angst, depression, psykiske og neurologiske sygdomme, ville den ifølge Dr. Mark Tranopolsky være det mest efterspurgte præparat i medicinalindustrien.

Vi behøver heldigvis ikke vente på den moderne videnskab! Motion er fra naturens side gratis og lettilgængelig og plejede faktisk at være nødvendig for vores overlevelse, inden biler, metroer og rulletrapper blev introduceret. Hvis vi gerne vil indkassere de mange gode fordele, anbefales det, at vi træner minimum 30 minutter tre gange ugentligt, og det skal helst være udfordrende.

Planlæg din træning

Planlæg dine trænings- og dine hviledage. Skriv dem ind i kalenderen eller før en træningslogbog. Planlagte træningsdage gør det lettere at komme ind i den gode vane.

Det er befriende ikke at skulle tage stilling til, om man skal eller ikke skal træne i dag. Man skal bare holde sig til planen. En plan gør det også sværere at komme med dårlige undskyldninger og springe dage over. Det skaber for meget forstyrrelse i ens skema, så det er lettere bare at holde sig til planen. Det fodrer også vores selvdisciplin at lave en plan og holde sig til den, hvilket altid er en god ting.

Restitution

Husk at mærke efter. Lyt til kroppen, men ikke til sindet. Gør hviledage hellige. Man har brug for at restituere. Alle er forskellige, og for nogle går det hurtigere end andre. Men en generel god anbefaling er at træne tre gange om ugen med en dags mellemrum, evt. mandag, onsdag, fredag, og så to hviledage efter en cyklus.

Der sker heller ikke noget ved at tage en hvileuge med et par måneders mellemrum, hvis man føler, at kroppen kalder på det. Det giver mulighed for at restituere grundigt, og man vil ofte opleve at være blevet stærkere efter en uges pause.

Gør træning til en leg

Det er vigtigt, at man kan lide sit træningsprogram, hvis man ikke vil ende som et af de mange mennesker, der financierer fitnesscentre, de aldrig bruger. Så brug hellere pengene på at rede regnskoven eller støt de danske munke. Man skal glæde sig til at træne! Det skal være et afstressende og afbalancerede rekreativt element i ens hverdag.

Det behøver heller ikke at koste noget. Tyngdekraften er vores ven, og naturen har generøst skænket os vores kropsvægt at arbejde med. Yoga, calisthenics, parkour og mange andre træningsformer er gratis, når først man har lært dem at kende.

Jeg kan godt lide at sove på min yogamåtte i mit træningstøj og gennemgå min rutine som det første, når jeg står op. Det er smart! Jeg sparer tid på ikke klæde om, og efter at have svedt igennem er jeg klar til et koldt bad. Det er en usammenlignelig god start på dagen!

Man kan træne derhjemme på en måtte eller løbe en tur forbi den lokale legeplads og lave armhævninger og andre øvelser i et klatrestativ. Gør det eventuelt tidligt om morgenen og lad være med at skræmme de små børn. Okay?

KORT OPSUMMERING

Dårligt helbred kan ødelægge et ellers godt liv

Skab gode vaner og rutiner for livet som du elsker

Fantastiske fordele for krop, sind og selvdisciplin

KAPITEL 10

Disciplinære armbøjninger

"Så en tanke, og du høster en handling, så en handling og du høster en vane, så en vane og du høster en karakter, så en karakter og du høster en skæbne."
– Ralph Waldo Emerson, amerikansk forfatter

Man bliver stærkere af at tage armbøjninger. Hvis ikke, var der ingen, der gad at besvære sig. Jo stærkere man bliver, jo flere kan man tage. Éns kapacitet vokser. Det er præcis det samme, der sker, når man gør en lille ting, man ikke har lyst til. Man styrker sin selvdisciplin. Med tiden bliver man gradvist i stand til at gøre store ting, som man ikke har lyst til.

Det løber op med renters rente, og snart kan man flytte bjerge. Den øgede selvdisciplin forøger også vores livskvalitet. Vi bliver mere produktive, selvsikre, optimistiske, sundere og gladere. Alt sammen godt. Men noget af det mest sensationelle er, at man får smag for aktiviteter, der genererer mere selvdisciplin. Man vil begynde at finde glæde i at sige nej til fristelser og ja til udfordringer.

Den smag starter som en lille snebold, men kan hurtigt blive en lavine. En uimodståelig, ærefrygtindgydende naturkraft, som ikke lader sig standse af noget.

Den omformelige hjerne

Sammenligningen mellem fysisk træning og træning af bestemte adfærds- og tankemønstre er meget passende. Hjerneforskere har nemlig påvist, at vores tanker og handlinger har en fysisk effekt på hjernens struktur.

Det vil sige, at hvis man begynder regelmæssigt at tage sine disciplinære armbøjninger eller på andre måder laver en markant ændring af sin adfærd og tanker, vil man efter ganske kort tid kunne registrere forandringerne ved en hjernescanning. Ligesom man kan se, at en person, der træner regelmæssigt og lever sundt, har flotte muskler, god holdning og andre symptomer på sin livsstil, kan man se de mange positive effekter i hjernen på en person, der har gode vaner og en sund tankegang.

Byd modstand velkommen

Modstand er nødvendig for at opbygge selvdisciplin. Hvis man stopper med at træne, så snart det bliver hårdt, bliver man aldrig stærkere. Derfor opsøger det ambitiøse individ modstand og udfordringer eller byder dem i det mindste velkommen, når de kommer af sig selv velvidende, at de er en hovedingrediens i den personlige udvikling.

Sæt første prioriteten forrest

Brian Tracy skriver i sin bog Eat That Frog! om vigtigheden af at løse de mest afgørende opgaver først. Helst tidligt om morgenen. Tendensen er, at vi udskyder det, der er vigtigst, da det ofte er det mest krævende og intimiderende. Det er eksempelvis meget lettere at tjekke sin e-mail end at aflevere jobansøgninger.

Men hvorfor skulle man udskyde det, der kommer til at have den største positive effekt på éns liv? Vi vil gerne have den positive effekt hurtigst muligt! Derfor er det en god vane at disciplinere sig selv til at løse de vigtigste opgaver først, selv om det føles som at skulle spise en frø levende. Brian Tracy har en god regel for frøspisning: Hvis man skal spise to frøer, så start med den grimmeste af dem.

Det skal lige nævnes, at jeg er vegetar, og på ingen måde har i sinde at opfordre til spisning af uskyldige frøer. Tag ikke frøspisningen alt for bogstaveligt. Lad franskmændene om det og løs hellere nogle meningsfulde opgaver i stedet for. Okay?

Den gode afhængighed

At fuldende en vigtig opgave tidligt på morgenen giver en enorm følelse af tilfredshed og en rigtig god start på dagen. Jeg er ikke hjerneforsker, men neurologer taler om et belønningscenter i hjernen, der udskiller endorfiner og andre glade kemikalier, der genererer energi, entusiasme og selvtillid som betaling for den disciplinerede indsats. Sikke en bonus! Den euforiske fornemmelse kan nemt blive en afhængighed. En god afhængighed, der ikke kalder på afvænning og rehabilitering.

KORT OPSUMMERING

Selvdisciplin kan trænes som en muskel

Se mulighederne i udfordringer

Lær at elske hvad du hader, hvis det gavner

KAPITEL 11

Tænk på papir

"At skrive er at tænke på papir."
- William Zinsser

Tanker kan være guld værd. Skriv dem ned! Jeg er sikker på, at du får flere hundrede geniale tanker hver eneste dag eller i hvert fald et par stykker. Vi ved ikke, hvornår vores indre geni vågner op til dåd. Men når det gør, er det godt at være forberedt. Derfor er det en god vane at have en lille notesbog og en skriver på sig.

At nedskrive sine tanker er en simpel, men genial metode til at holde sit liv organiseret og hjælper én til at bruge tiden effektivt. Det er også et godt værktøj til at sætte mål og huske på sine gode ideer. De sjældne, men flittige bogholdere, der har deres mål skrevet ned, opnår fem til ti gange så meget som dem, der af en eller anden grund aldrig tager sig tid til at formulere deres mål på skrift. Alligevel viser undersøgelser, at de færreste mennesker har defineret deres mål sort på hvidt.

Det skrevne ords magi

Når man skriver et mål ned, bliver det konkret. En ide eller en tanke er abstrakt. Men nedfældet på papir bliver den en del af den fysiske virkelighed. Den kan både ses og røres. Så snart et mål er nedskrevet, er det et skridt tættere på at blive nået. Ellers kan det blive hængende på fantasiernes og dagdrømmenes plan for en kort tid for så for evigt at gå tabt i glemmebogen.

Klare, nedskrevne mål har en formidabel effekt på éns bevidsthed, der vil forfølge et inspirerende mål, som et varmesøgende missil forfølger en jetmotor. Hvis inspirationen er stor, jagter man det ikke kun i vågen tilstand, men også, når man sover! Man vil opleve, at man vågner op til et hoved, der er fuld af gode ideer. For den ambitiøse sjæl spinder underbevidstheden guld, mens han sover!

Planlæg hver dag

"Planlægning er at bringe fremtiden ind i nutiden, så man kan gøre noget ved den nu." Alan Lakein.

De fleste vågner hver dag mere eller mindre desorienterede. Få mennesker tager sig tid til at lave en nøjagtig plan for deres aktiviteter på daglig basis. Den engelske vending "failing to plan is planning to fail" er svær at få til at lyde godt på dansk, men det gør ikke pointen mindre relevant. Ikke at planlægge er at planlægge en fiasko.

En god investering af tid

Den gennemsnitlige dansker bliver 81 år. Det er 29.565 dage minus dem, der er gået. Vi bruger x antal timer på at sove, x antal timer på at arbejde, x antal timer på at se fjernsyn. Hvor megen tid har vi egentlig tilbage til at leve det liv, vi ønsker at leve?

Vi kan reducere antallet af spildte minutter, spildte timer, spildte dage, spildte uger og spildte måneder ved blot at tage en lille smule tid til at planlægge vores tid, hvilket vil give os mere tid.

Det behøver ikke at tage mere end 10-12 minutter at planlægge sin dag. Denne beskedne investering af minutter bliver tilbagebetalt rundhåndet i timer.

Simpelt og genialt

Det er enkelt at planlægge! Det eneste, det kræver, er, at man sætter sig ned og gør det. Man skal bruge en pen og et papir. Det er alt. Det er det samme princip, der gælder, uanset om man bruger en app på sin smartphone, gule sedler eller en notesblok. Man skal simpelthen bare lave en liste over alle de ting, man skal, inden man går i gang.

Det virker fra dag ét. Så kom bare i gang. Lad listens flyvende tæppe løfte dig højt hen over din tidligere kapacitet. Men husk på, at din liste er en tjener. Den er et værktøj og hverken din herre eller mester. Lad den ikke diktere dit liv i en sådan grad, at du ender op som en fortravlet arbejdsnarkoman.

Vær effektiv med tid. Arbejd, når du arbejder, læs, når du læser, træn, når du træner, og vær nærværende, når du er sammen med mennesker, du holder af. Din øgede effektivitet burde give dig overskud til at være fleksibel med dit skema og efterlade mere plads til personlige forhold.

Forskellige lister

De forskellige lister har jeg taget fra Brian Tracy. De er et godt værktøj i en selvdisciplineret livsstil og har katalyseret små mirakler for mig. Faktisk bruger jeg dem i skrivende stund. Så jeg tænkte, at jeg ville dele ideen med dig.

Vi diskuterede tidligere mål og prioriteter. På nuværende tidspunkt skulle man have defineret sine mål udtrykkeligt og skrevet dem ned. Hvis ikke, ville nu være et glimrende tidspunkt

Læg bogen fra dig for en tænksom stund. Ransag din hjerne og ikke mindst hjerte for ideer og få dem ned på papir. Hvad brænder du virkelig for? Hvad vil du gerne udrette med dit liv? Hvad er dine dybeste længsler? Denne liste er livets to-do liste.

Livets to-do liste

Bare rolig, den må gerne ændres undervejs. Faktisk kan det kun anbefales, at man ofte reflekterer over sine mål og prioriteter. Livets liste kan forekomme fuldstændig uoverskuelig. Men det er kun godt! Det betyder, at man tænker stort og er ambitiøs. Det gør livet spændende og udfordrende. Hvis ikke éns liste er vildt ambitiøs, kan det også være en god ting. Vi er alle forskellige, og det skal der være plads til. Men hvis man har store ambitioner, er det godt at have mulighed for at brække dem over i mere overskuelige dele. Til det er de andre lister et godt værktøj.

En liste for hver måned

Hvor meget kan man egentlig udrette på en måned? Meget mere end man tror, hvis man starter med at tænke sig om. Hvilken bevidst indsats kan du gøre denne måned, for at komme nærmere dine mål? Der er altid så mange småting der på en eller anden måde trænger ind i vores liv og distraherer os. De burde ikke få lov til at fjerne fokus fra de få essentielle ting der kommer til at gøre den store forskel.

Hvis du for eksempel har et ønske om at skrive en bog, så

sæt dig et mål for denne måned og prioriter det. Det kunne være at studere en gren af emnet, færdiggøre et kapitel eller forberede markedsføringen.

Hold dig bevidst om livets to-do liste, og se hver eneste måned i relation til den. Vær opmærksom på at gøre de små ting hver eneste dag, der kommer til at give det store resultat i det lange løb. Der er en Indisk talemåde der lyder, små dråber vil med tiden fylde en spand. Det er princippet om renters rente. Brug det. Start hver måned med at kigge på livets lis livets to-do liste, og tænk over hvad du kan gøre nu, og tilføj dem så til din månedlige liste.

En liste for hver uge

Samme procedure som ovenfor. Flyt punkterne fra den månedlige liste til den ugentlige. Man kan selvfølgelig notere punkter undervejs. Det er et meget inspirerende ritual at tage et par timer til at lave en overskuelig handlingsplan for den kommende tid. Sig farvel til lediggang, som man siger er roden til alt ondt. Bare kig på listen og kom i gang! Hvis man kommer ind i denne vane, vil det øge éns produktivitet dramatisk!

En liste for hver dag

Sidst, men ikke mindst: overfør punkter fra de månedlige og ugentlige lister til en daglig liste. Lav listen aftenen i forvejen. Start med alt, der ikke blev nået dagen i forvejen. Når man går i seng efter at have skrevet sin liste, er man nærmest garanteret at vågne op med et klart hoved, der er fyldt med gode ideer til at fuldende dagens mission.

Arbejd altid ud fra en liste og streg punkter over i takt med, at de bliver gjort. Det giver en storartet følelse af fremgang, og når man i slutningen af en dag, uge eller måned kan se tilbage på en liste af godt og grundigt udførte opgaver, giver det én inspiration til at være endnu mere ambitiøs, næste gang man laver sin liste.

ABCD metoden

Her er endnu et guldkorn fra Brian Tracy. Man har mange punkter på sin liste, og nogle er vigtigere end andre. Derfor har man brug for et system til at prioritere dem. Derfor anvender man ABCD-metoden til at minde sig selv om sine prioriteter.

Sådan gør man: Når man har skrevet sin liste for morgendagens aktiviteter, markerer man ved siden af hvert punkt et A, B, C, eller D.

A står for altafgørende. A'erne er de vigtigste opgaver. Det er dem, der vil have den største positive effekt, hvis de bliver gjort ordentligt, og omvendt have de største negative konsekvenser, hvis de bliver negligeret. Hvis man har mere end én A-opgave, kan man videre rangere dem som "A1", "A2", "A3" osv.

B står for ting, man bør gøre. B'erne er også vigtige, men meget mindre afgørende end A'erne. Man kan forsømme en B-opgave uden de store konsekvenser. Det betyder ikke, at de skal forsømmes, men at de aldrig bør prioriteres over en A-opgave. Man starter med det vigtigste.

C'erne gør ikke den store forskel hverken fra eller til. Det er småtingsafdelingen, måske noget man har lyst til, men som er mere eller mindre overflødigt. C'erne kan sagtens udskydes.

D'erne er ting, der bør udDelegeres. Det berørte vi i kapitlet om effektivitet, hvor den doven intelligente person netop blev rost for sin evne til at uddelegere så mange opgaver som muligt, så han har mere tid til at tænke på og arbejde med vigtigere ting.

Kombinationen af månedlige, ugentlige og daglige lister med ABCD-metoden er et umådeligt effektivt værktøj i en selvdisciplineret tilværelse. Det, der gør den store forskel, er, at man disciplinerer sig selv til at gå i gang med og fuldende sine A1-opgaver først. Eftersom de har den største effekt, vil man naturligt opleve en tilsvarende større belønning for sin indsats.

Når man ikke længere udskyder sine A1-opgaver, men går beslutsomt til værks, vil man kunne udrette langt mere, end man før kunne drømme om!

KORT OPSUMMERING

Få det for vane at skrive gode ideer ned

Planlæg din tid og dit liv

Arbejd med forskellige lister

KAPITEL 12

En klog investering

*"Hvis vi støder på en mand af sjældent intellekt,
bør vi spørge ham, hvilke bøger han læser."*
- Ralph Waldo Emerson

Vigtigheden af at læse

Forestil dig, at du havde adgang til verdens store tænkere og personligheder. Fra de gamle grækere til de europæiske filosoffer, konger, generaler, videnskabelige genier, Østens vise, succesfulde forretningsmænd og olympiske atleter. Frit valg på alle hylder. Du kunne tale med dem, observere dem og lære fra dem. Den gode nyhed er, at det kan vi, for hvem de var, hvad de tænkte, og hvordan de levede, har de nedfældet sort på hvidt. Ved jævnligt at læse gode bøger kan man bogstaveligt talt komme i direkte kontakt med de klogeste og mest indflydelsesrige personer, der har eksisteret. Det er en af de mest forvandlende vaner, man kan tage til sig.

Jim Rohn hævder, at man er et gennemsnit af de mennesker, man omgås med. Ved at læse gode bøger hæves det gennemsnit mærkbart. En jernstang i et bål bliver gradvist varmere, indtil den bliver rødglødende. Hvis man lægger det samme jern i en bunke tørrede kviste og blade, vil de bryde i brand. Det glødende jern erhverver sig ildens brændende kvalitet igennem tæt omgang. På samme måde bliver vi det, vi omgås med.

Man kan måske ikke spise frokost med sin helt, men man kan læse hans bog, og det er næsten lige så godt, hvis ikke bedre! En af mine yndlingsforfattere A.C. Bhaktivedanta Swami Srila Prabhupada bemærkede engang: "Mine bøger er bedre end mig, for jeg har investeret det bedste af mig selv i mine bøger."

Det er bare at komme i gang! Vi har en enestående mulighed for at omgås de mest interessante mennesker, der nogensinde har betrådt Jorden. Med den gode vane at læse indholdsrig litteratur kan man slet ikke undgå selv at blive en mere indholdsrig person!

Genantænd din læselyst!

Der er mange fordele ved flittigt at fordybe sig i god litteratur. Mange stopper desværre, så snart de er færdige med deres formelle uddannelse. Det er ærgerligt. Uddannelse bør aldrig afsluttes. Men der kommer et tidspunkt, hvor vi selv må tage ansvar for den.

Vores læselyst er som en ild, og viden i form af bøger og foredrag er som brænde til bålet. Ilden vokser sig større, når man tilsætter brændstof, og dens kapacitet til at fortære brændet vokser også. Men pas på med for meget brænde på én gang eller vådt træ. Det kvæler ilden.

Det sidste er ofte det paradoksalt uønskede, katastrofale resultat af det moderne uddannelsesvæsen. Det kvæler vores nysgerrighed! Hvilken forbrydelse! Hvem ringer til menneskerettighedsdomstolen? Som børn af menneskeheden, fremtidens håb, skulle vi helst komme ud af skolesystemet med vores lyst til lærdom i live.

Faktum er, at mange bliver kvalt. Deres læselyst bliver slagtet på alteret af institutionel undervisning. Jeg møder mange mennesker, der ikke har åbnet en bog siden folkeskolen. Det var også tilfældet med mig. Jeg begyndte først at studere seriøst efter min uddannelse. Så hvad stiller man op, hvis skolesystemet har traumatiseret og skræmt én fra at læse bøger?

Start småt

At sætte sig ned og åbne en bog kan kræve overvindelse, så gør det ikke sværere, end det er. Man bør ikke slå et større brød op, end man kan bage. Find en bog af passende størrelse og noget, der er interessant nok til at kunne holde dig stimuleret hele vejen igennem.

Et par sider hver dag er en god start. Bare kom ind i vanen. Når smagen vokser, kan man øge sit ambitionsniveau og efterhånden begynde på større værker eller flere bøger sideløbende.

Den daglige dosis

Hvor meget man bør læse, er en individuel sag. Warren Buffet blev engang spurgt om nøglen til succes. Han pegede på en stak bøger og svarede: "500 sider hver dag. Det er sådan, viden fungerer. Den bygger sig op ligesom renters rente." Bill Gates læser en bog om ugen. Elon Musk blev spurgt, hvordan han lærte at bygge raketter. Hans svar? "Jeg læser bøger." Canakya Pandit sagde for årtusinder siden: "Små dråber vand kan med tiden fylde en spand. På samme måde skal viden gradvist ophobes."

Så hvad er den daglige dosis? Det er individuelt. Men det er godt at sætte sig en standard og holde sig til den. For mit vedkommende føler jeg mig underernæret, hvis jeg ikke læser en bog om ugen. Det tager blot en time hver dag, at fortære en medium stor bog på en uge. Det bliver til en god håndfuld om året. Men man kan ikke læse alting. Derfor må man være selektiv.

Kvalitet over kvantitet

Bruce Lee bemærkede engang: "Jeg frygter ikke den mand, der har øvet 10.000 spark én gang. Jeg frygter den mand, der har øvet ét spark 10.000 gange." Tænk ikke på en bog som en engangsaffære! Tænk på en bog som en ven. Som en person, man har et forhold til. Man har ikke brug for en million venner. Man har brug for gode venner. Det samme gælder bøger.

Hvis man læser, genlæser og studerer sine favoritter, bliver man fortrolig med dem på en anderledes måde end med bøger, man kun læser én gang. Man kan læse dem med en markør og understrege vigtige passager. Det gør dem lettere at læse næste gang. Så kan man behændigt slå op i dem og hurtigt finde de afsnit, man gerne vil huske. Jeg fylder selv mine favoritter op med noter, og lærer essentielle passager udenad.

Prøv at samle 10, 20 eller 30 bøger - så mange, som du kan overskue. Men læs dem igennem med mellemrum. C.S. Lewis udtalte: "Det er en god regel efter at have læst en ny bog ikke at tillade sig selv at læse endnu én, indtil man har læst en gammel én ind imellem."

Undgå distraktioner

Der er stor forskel på koncentreret læsning, hvor man er fuldstændig absorberet, og på at læse under forstyrrende omstændigheder. Den bedste garanti for en gunstig atmosfære er, at læse før resten af verden står op. Man kan også sætte telefonen på lydløs med skærmen nedad eller på flyfunktion, mens man læser. Nogle hører musik, mens de læser. Men for mit vedkommende er stilhed en sikker vinder, og til det formål er en god øreprop en værdifuld allieret.

Læsevenner og bogklubber

At tale om, hvad man har læst, øger sandsynligheden for, at det bevæger sig fra kort- til langtidshukommelsen. Hvis at læse en bog er som at spise et måltid, er at reflektere, diskutere, og tale om hvad man har læst fordøjelsesprocessen, der gør os i stand til at optage næring fra vores mad.

Det siges nogle gange, at man er hvad man spiser. Men det er ikke korrekt. Man kan spise det sundeste mad i verden, men hvis fordøjelsen svigter er det til ingen nytte. Altså er man ikke hvad spiser, men hvad man fordøjer! Så læs ikke bare gode bøger, medmindre du bare gerne vil underholdes, hvis du ønsker at vokse som person, må du gøre en bevidst indsats for at optage og bruge hvad du har læst.

KORT OPSUMMERING

Få for vane at læse gode bøger

Sæt et minimum af sider at læse hver dag

Genlæs dine favoritter ofte

KAPITEL 13

Løftets kraft

"Der er én nøgle til succes. Gør, hvad du be-
slutter dig for. Følg op på dine løfter til dig selv.
Vedholdenhed er selvdisciplin i praksis."
- Brian Tracy

Et løfte. Tænk lige over det ord engang! Hvad er det, man løfter, når man tager et løfte? Man løfter sig selv! Man løfter sin integritet! Man løfter sin selvdisciplin! Det er en formidabel øvelse for selvdisciplinen at aflægge et løfte og føre det til vejs ende!

At afgive et løfte er en enestående mulighed for at teste sin vedholdenhed, viljestyrke og tålmodighed. Men start småt. Inden du lover nogen, at du vil elske dem til døden jer skiller, så bevis først for dig selv, at du kan holde dit ord. Tomme løfter tæller ikke som et løft.

Små løfter

Det er lettere at gennemføre et løfte med en bagkant. Sæt en dato på og se frem til en snarlig forløsning. Hvis man har abstinenser på tredjedagen af en chokoladefaste og har lovet sig selv en uges afholdenhed, er det en beroligende faktor med lidt lys for enden af tunnelen.

Jeg kan godt lide månedlige løfter. Det hjælper til at definere grænsen mellem begær og behov. Man lægger ikke mærke til sine lænker, før at man rører på sig. Men hvis man tager et løfte om ikke at bruge Facebook eller tage i byen i en måned, finder man hurtigt ud af, hvor afhængig man egentlig er.

Små løfter kan også give gode ideer til, hvordan man kan forbedre sin livskvalitet ved at tilføje eller fjerne et element. Et lille løfte kan som sådan give éns liv et permanent løft.

Når løfter bliver til livsstil

Jeg tog engang et løfte om kun at spise ét måltid om dagen i en måned. Det startede med en bog af Canakya Pandit. Canakya hævder, at en vis person er tilfreds med ét måltid om dagen. "En vis person" tænkte jeg, "Det er jo lige mig!" Så det skulle da prøves.

De første dage var udfordrende. Vores krop er vant til et mønster, og plejer vi at spise på faste tidspunkter, vil vores krop protestere, når vi springer et måltid over. Men behøver man at spise, bare fordi man er sulten? Hvad er sult egentlig, og hvad foregår der i kroppen, når vi føler det?

De fysiologiske og psykologiske fordele ved at faste er utroligt fascinerende. Derfor har jeg helliget næste kapitel til at gå i dybden med emnet. Afsnittet her handler om løfter, og det skal vi lige have gjort færdigt, inden vi går videre.

Pointen er, at når man tager et løfte, løfter man ikke bare sin selvdisciplin og integritet. Man giver sig selv muligheden for at eksperimentere med og opgradere sin livsstil. Jeg lærte meget om mig selv og min krop på den måned. Det løfte er nu blevet en integreret del af min livsstil. Hvis jeg spiser et måltid ekstra, er det udelukkende for at være social. Min krop fungerer langt bedre på ét måltid om dagen. Hvorfor? Det kommer vi til i næste kapitel.

FORSLAG TIL LØFTER

Ærlighed

En undersøgelse, der blev foretaget på Massachusetts Universitet i 2002 påviste, at 60% af deres voksne forsøgsgruppe ikke kunne føre en 10 minutters samtale uden at lyve. De fleste af os lyver og bliver løjet for hver eneste dag. Det siges, at man kommer længst med ærlighed, men er det mere end bare en talemåde? En interessant undersøgelse fra Notré Dame Universitetet viste, at mennesker, der fortæller færre løgne, generelt har bedre forhold, oplever mindre stress og angst og minsandten har væsentligt bedre helbred!

Hvorfor ved jeg ikke, men jeg plejede selv at lyve til højre og venstre. Det er stressende at skulle holde styr på alle sine mange løgne og huske på, hvem man har fortalt hvad. Det er meget nemmere bare at være en sandfærdig og pålidelig person.

Forslag: Aflæg et løfte om at gå en uge eller en måned uden at lyve. Man er også velkommen til at fortsætte på ubestemt tid. Man har intet at tabe ud over skyldfølelse og dårlig samvittighed.

Afholdenhed

Det er almen viden, at alkohol dræber hjerneceller, og at rygning er kræftfremkaldende, men på trods af de åbenlyse negative konsekvenser til vores mange afhængigheder, er de i høj grad blevet en indgroet del af den moderne kultur. For mange unge danskere ville bare én ædru weekend være en bedrift! Det kræver selvdisciplin at være afholdende, men fordelene er selvindlysende.

For mit vedkommende markerede beslutningen om at stoppe med at tage rusmidler begyndelsen på en fantastisk periode med mere selvudvikling, øget produktivitet og et generelt bedre liv. Det gik op for mig, at en udrensning af krop og sind resulterede i større velvære, og derfra vendte jeg mange af mine afhængigheder. Det blev en positiv besættelse for mig, at skifte mine dårlige vaner ud med gode, hvilket både sparede mig tid, penge og gavnede mit helbred. Jeg bliver nogle gange spurgt, om jeg ikke savner at skeje ud. Svaret er et bestemt "nej." Jeg er så glad for, at det er et overstået kapitel i mit liv.

Forslag: Prøv at afstå fra en afhængighed i en uge eller en måned. Uanset om det er rygning, druk, shopping eller at spille for mange computerspil, de fleste har et eller andet de slås med. Frigør dig! Find en højere smag! Start med en uge, og læg mærke til forskellen.

Cølibat

Engang troede jeg, at det var umuligt at leve uden sex. At behovet var så fundamentalt, og lysten så stærk, at man med sikkerhed ville blive vanvittig, hvis man ikke handlede på den.

Efter at have undersøgt sagen viser det sig, at den moderne videnskabelige kendskab til cølibat er meget begrænset. Der er stort set ikke lavet nogle undersøgelser om emnet. Det er også svært at finde forsøgspersoner, hvis sexlyst ikke fremprovokerer våde drømme og ufrivillige udløsninger et par uger inde i forsøget. Det moderne videnskabelige samfund er derfor ret uvidende om effekten af cølibat på menneskets krop og sind. Østens visdom derimod priser cølibat som værende noget af det bedste man kan gøre for sig selv fysisk, mentalt og åndeligt.

Men nu skal det handle om selvdisciplin og ikke lægevidenskab. Jeg har imidlertid selv levet i cølibat i snart seks år og kan sige med sikkerhed, at når det kommer til træning af selvdisciplin, findes der ingen bedre praksis. Halvdelen af definitionen på selvdisciplin er at kunne afstå fra at handle på sine lyster. Hvad kunne være en bedre test?

Mange store tænkere som Isaac Newton og Nikola Tesla levede i cølibat. Muhammed Ali, den legendariske bokser, var i cølibat uger og måneder forinden en vigtig kamp. Hans træner sagde, at selvbeherskelse var hans nøgle til succes.

Forslag: Jeg er overbevist om, at det vil være godt for enhver at tage et løfte om periodisk cølibat. Jeg siger ikke, at du skal blive munk eller nonne nødvendigvis, men prøv regelmæssigt at udfordre dig selv, og se hvor længe du kan holde uden sex. Eller som et alternativ kan man undgå porno i en periode. Ideen er at kontrollere sexlysten. Hvis man først kan det, er der ingen grænser for, hvad man ellers kan!

Vegetarisme

Jeg mødte for nyligt en muslim, der fastede på ramadanen for Allahs tilfredsstillelse. Jeg spurgte hende, om hun ikke kunne faste fra kød også, når hun nu alligevel var i gang. Så kunne hun tage en seriøs én-til-én snak med Gud, når fasten var ovre, og spørge Ham, om ikke det var et godt tiltag i hendes religiøse praksis. Ideen var, at hun skulle være vegetar i en måned, men hun nåede at blive glad for det, så nu er hun vegetar den dag i dag. Igen et lille løfte, der blev til en livsstil.

Jeg blev selv vegetar som værnepligtig, da en ven sendte mig en dokumentar om de sundhedsmæssige fordele ved en vegetarisk kost. Flyvevåbnet havde en god kantine, så jeg gik i gang med at eksperimentere. Fordelene kom hurtigt. Efter en måned slog jeg alle mine personlige rekorder i løb, løft og udholdenhed (ikke at jeg er særlig stærk, men jeg var ret hurtig dengang). Det følte mig gladere, sundere og meget skarpere. Det var rigelig bevisførelse for mig til at blive ved.

Forslag: Prøv at leve som vegetar i en måned og se, hvordan du har det. Hvis du har det bedre end nogensinde før og ikke savner kød, kan du bare fortsætte. Det er godt for dig, dyrenes velfærd og planeten som helhed. Hvis det ikke fungerer, kan du altid skifte tilbage. Men så har du truffet et valg baseret på personlig erfaring frem for bare at følge samfundets normer.

Kolde bade

Hvad med at komme ud af komfortzonen fra morgenstunden? Lyder det forfærdeligt? Det er netop derfor, at det er godt! Undersøgelser har vist, at udsætte sig selv for kulde kortvarigt har flere fantastiske fordele. Det øger blodcirkulationen og iltoptagelsen, styrker immunforsvaret, er godt mod depression og har et hav af andre fysiologiske og psykologiske fordele. Og til vores formål er det kraftig tonic til selvdisciplinen!

Forslag: Prøv at tage et koldt bad hver morgen i en uge, eller et vinterbad hvis det er en mulighed. Hvis det virker for overvældende, kan man starte med et varmt bad og slutte af med et langt koldt skyl. Men at starte med det kolde er bedst.

Tag mundkurv på

Et totalt tavshedsløfte kan være sjovt, men det er ikke det, jeg har i tankerne. Brokker du dig også konstant over dine problemer, over vejret og selvfølgelig over idioterne på Borgen? Det har jeg selv tendens til. Men det har verden ikke brug for. Det har folk omkring dig ikke brug for. De gider ikke at høre på dine problemer. Der er nok negativitet derude i forvejen.

Forslag: Prøv ikke at brokke dig. Start med en uge. Hvis du kan det, kan du gå dybere. Stop ikke bare verbalt, men prøv at fange det allerede ved tanken. Lav en renæssance i dit sind. Fokuser på det gode fremfor det dårlig. Fremhæv det positive og overse det negative. Jeg hørte engang en munk sige, at mennesker er forskellige som fluer og bier. Fluer er tiltrukket af afføring, og bier af blomster. Hvad er du?

Det her er bare et par forslag. Du behøver ikke at følge dem. Men min erfaring siger mig, at det kan være både sjovt, gavnligt og lærerigt at tage løfter. Man kan starte hver eneste nye uge eller måned med et løfte. Hvis man regelmæssigt aflægger løfter og fører dem til vejs ende, vil man snart se store forandringer i sit liv!

KORT OPSUMMERING

At holde løfter til én selv er kraftfuldt

Et løfte kan nemt blive en livsstil

Tag nye løfter regelmæssigt og flyt dine grænser

KAPITEL 14

At spise eller ikke at spise

"Enhver kan lave magi, enhver kan nå sine mål, hvis man kan tænke, hvis man kan vente, hvis man kan faste."
- Hermann Hesse, forfatter

Hvad vil det sige at faste?

At faste er at afholde sig fra føde og drikkevarer af medicinske, eksperimentelle eller religiøse årsager. Det er noget af det bedste, man kan gøre for sin selvdisciplin! Vi har lyst til mad, og at beherske sin lyst er selvdisciplin. Man kan ikke faste uden selvdisciplin. Det kræver en vis selvkontrol at sige nej til mad, når man mærker sulten.

Men hvorfor sige nej til mad? Vi skal da spise for at overleve? Sandt. Men hvor meget har vi brug for, og hvor ofte? Hvad sker der egentlig, hvis man ikke spiser?

Dør man ikke af det?

Jo, på et tidspunkt. Men ikke lige med samme. Forskere på University of Scotland har faktisk overvåget en mand, der fastede i 382 dage tilbage i 1973. Han indtog kun vand, vitaminer og mineraler. Da han startede, vejede han 207 kg, og 382 dage senere var han landet på sin idealvægt, 82 kg. Så bare rolig, man dør ikke af at springe et måltid eller to over.

Giv kroppen en pause!

At faste giver først og fremmest maven en velfortjent pause. Hvordan ville du have det, hvis hele livet bare var arbejde, arbejde, arbejde? Ingen pauser. Ingen hviledage. Ingen ferier. Hvem sagde stress? Hvert eneste måltid sender din mave på arbejde. Mange skænker aldrig deres trætte fordøjelsesorganer en tanke og svinger nådesløst pisken.

En velfortjent pause fra mad fremmer kroppens naturlige helingsprocesser. Undervurder ikke kroppen! Den er en genial maskine. Naturen har givet alt, den behøver for at vedligeholde et godt helbred. Men den skal have ro til at gøre det.

Et sår skal have tid til at hele. Hvis man konstant piller i det, forpurrer man helbredelsen. Det er det samme med en skade. Hvis man har forvredet et led, skal det have en pause. Hvorfor skulle det være anderledes med kroppens indre?

Hvorfor hører vi ikke mere om det?

Fødevareindustrien er en af de største pengemaskiner i verden. Det er gratis at faste, og at udbrede viden om fordelene derved er en reel trussel for visse personers økonomiske interesser. Tænk, hvis flere hundrede millioner mennesker verden over fandt ud af, at de kunne leve fint, måske endda bedre, på ét måltid frem for tre plus snacks. Det ville katalysere en finansiel katastrofe for den nuværende forbrugsøkonomi. Man kunne også skrive noget om medicinalindustrien i den forbindelse, og at de lever af folks sygdomme, men jeg vil vælge at hidkalde min selvdisciplin og holde mig til sagens kerne.

Fysiologiske fordele

Det er ingen overdrivelse at kalde fordelene ved faste mirakuløse. Der kunne skrives rigtig meget om det, men da min hensigt er at holde bogen kort, har jeg forneden blot givet to videnskabelige eksempler, som jeg tror, man vil finde både fascinerende og inspirerende.

Autofagi

Har du hørt om selvspisning? Det lyder måske lidt kannibalsk på en underlig selvcentreret måde. Autofagi eller selvspisning er en de mest revolutionerende opdagelser inden for sundhedsforskning de seneste år. Det lyder som en overdrivelse, men ikke desto mindre modtog Yoshinori Ohsumi i 2016 Nobelprisen for denne banebrydende opdagelse. Autofagi. Hvad er det for noget?

Autofagi er cellernes evne til at spise sig selv. Hvorfor er det godt? Man kan forestille sig et hus med en magisk kasse. Tænk, hvis man kunne smide gamle, ubrugelige og ødelagte genstande i denne magiske kasse, som så genbrugte dem og forvandlede dem til nye, brugbare materialer, som kunne bruges til fornyelse. Det er nøjagtig det, autofagi gør!

Hvis der ikke er mad i maven, vil kroppen lede efter alternativer. Kroppen er intelligent designet. Det første, den nedbryder, er alt det, man har mindst brug for: syge celler, dødt væv, virus, bakterier, toksiner, fremmedlegemer og inflammation. Sult bliver altså et påskud for at tage en grundig anatomisk forårsrengøring.

Tænk på det, næste gang maven rumler. Lad den bare

rumle! Bare rolig. Du dør ikke! Det er godt at være sulten. Aktivér din selvdisciplin! Lad dig inspirere af tanken om at æde din egen overflødige dødvægt.

Menneskeligt væksthormon

En af de mest almindelige indvendinger mod at faste er, at man er bange for at tabe muskelmasse. Hvad nu, hvis man gerne vil være stor og stærk eller leve et aktivt liv? Så bliver man vel nødt til at spise tit og ofte. Eller hvad?

Godt spørgsmål. Hormonet somatotropin, der populært er kendt som HGH ('Human Growth Hormone'), er sjovt nok det, der får os til at vokse. Det hjælper os med at bevare muskelmasse, danne nye muskelfibre, restituere efter træning, styrke bindevæv og knogler, udbedre skader og meget andet. Det lyder ret godt, ikke?

Undersøgelser viser, at produktionen af HGH øges med op til 2.000% i en fastende tilstand. Forøgelsen indtræder 13 timer efter sidste måltid og vokser gradvist. Mange sportsfolk sværger derfor til det, man kalder sporadisk faste ('intermittent fasting').

Den japanske gymnast Kohei Uchimura har tre gange vundet OL-guld og fire gange sølv. Han træner to gange dagligt på tom mave og regnes af mange for at være alle tiders bedste gymnast. Vi kunne snakke om MMA-kæmpere og amerikanske fodboldspillere, men igen sigter jeg efter en lille bog, så lad os komme videre.

Psykologiske fordele

Vores krop er designet til at overleve. Hvis vores eksistens trues af sult, øges vores kognitive funktion. Hvorfor? Så vi kan finde en løsning på vores madproblem! Det får os derfor til at være på vores højeste både fysisk og mentalt.

Af den grund foretrækker mange sportsfolk at træne, kæmpe og konkurrere på tom mave. Ikke kun atleter, men også mange akademikere, opfindere og studerende har fundet ud af, at de tænker bedst, mens de faster.

Videnskaben er ret kompleks, så den vil jeg overlade til de der ved bedre. Du er velkommen til selv at undersøge sagen på eget initiativ. Men endnu vigtigere, prøv det selv og få personlig erfaring. Det værste der kan ske er, at du kommer til at spare penge.

Sporadisk faste

At faste sporadisk er at faste en gang i mellem. Det er kendt som 'intermittent fasting' på engelsk, hvilket er et bedre søgeord, hvis man gerne vil undersøge det videre. En sporadisk faste er opdelt i tidsbestemte fasteperioder og spisevinduer. Jeg har givet tre eksempler længere nede.

Man kan faste sporadisk hver dag eller med et par dages mellemrum. Det skal dog nævnes, at kroppen foretrækker at være reguleret. Start med at eksperimentere, find ud af, hvad der fungerer for dig og hold dig til det. Din krop vil takke dig senere.

16:8

En 16 timers faste med et otte timers spisevindue er en af de mest populære former for sporadisk faste. Det er et godt sted at starte. Det er en blid form for faste, der ikke er så fysisk og mentalt krævende som andre modeller.

Hvordan gør man?

Fasten starter med dagens sidste måltid og brydes 16 timer senere. Det øjeblik, fasten er brudt, åbner det otte timers spisevindue, og man kan spise, som man har lyst til. Hvis éns sidste måltid f.eks. er kl. 16.00, åbner vinduet igen fra kl. 8.00 næste morgen.

Man vælger selv tidspunkterne. Pointen er, at man giver sin krop en 16 timers pause, så den på daglig basis kommer i en tilstand af faste, hvor de fordelagtige processer begynder at virke.

20:4

Denne form for faste er også kendt som 'the warrior diet'. Romerske soldater og gladiatorer ville efter sigende faste i løbet af dagen. Det er praktisk ikke at skulle bekymre sig om at spise eller skulle på toilettet, hvis man befinder sig i en kamp til døden i Colosseums midte.

Efter dagens kampe ville de have store gilder om aftenen, hvilket er grunden til, at 'the warrior diet' opererer med et fire timers spisevindue. Det kan anbefales sportsfolk at benytte denne form for faste, hvor man spiser om aftenen, så man kan have tom mave i dagtimerne.

23:1

Jeg kalder den ekaharena santustha. Det betyder at være fornøjet med at spise én gang om dagen. Men det har ikke bidt sig fast endnu, og de fleste kender den som OMAD ('one meal a day'). Det er den mest intense af de sporadiske faster.

Men den er også langt mere effektiv end 16:8 og 20:4 modellerne.

23:1 planen giver for det første kroppen 23 timer i døgnet til at drage fordel af autofagi, fedtforbrænding og de andre gode processer. For det andet er den skånsom for maven. Det er meget overskueligt for maven kun at have et måltid om dagen at skulle forholde sig til. Det er skønt at have tidligt fri fra skole eller arbejde, ikke sandt?

Risikoen ved denne form for faste er, at man ikke får nok næring. Man har kun ét måltid til at få sine kalorier, kulhydrater, fedt, proteiner, vitaminer, aminosyrer og mineraler. Det er derfor vigtigt, at man spiser nok, at man spiser sundt, og at man supplerer med kosttilskud.

Heldagsfaster

På heldagsfaster spiser man ikke noget, fra man står op om morgenen, til man går i seng om aftenen. Det tillader kroppen at nå dybere niveauer af udrensning og helbredelse. Til gengæld er det mere krævende og skal derfor ikke praktiseres med samme hyppighed som de sporadiske faster. Det er en god idé at planlægge dem god tid i forvejen og forberede sig mentalt.

I den gamle vediske kultur i Indien fastede man hveranden uge på Ekadasi-dagen, som falder 11 dage efter nymåne og 11 dage efter fuldmåne. Hvorfor? Det er lidt teknisk og har noget med himmellegemernes effekt på kroppen at gøre. Så hvis man alligevel vil give sig i kast med en heldagsfaste, kan man lige så godt gøre det på Ekadasi. Det skulle desuden være godt for éns karma.

KORT OPSUMMERING

At faste kan være fantastisk for ens helbred

Det sparer tid, penge og genererer selvdisciplin

Eksperimentér, og se hvad der virker for dig

KAPITEL 15

Meditation

"Fra hvorend sindet vandrer hen på grund af sin flakkende og ustadige natur, må man trække det tilbage og igen bringe det under selvets kontrol."
– Bhagavad-gita.

På trods af meditations voksende popularitet i den moderne verden forbliver den for mange et mysterium. Der er mange myter og misforståelser om meditation, så min hensigt her er at afmystificere begreb og give fundamental viden og inspiration, som man kan bruge til at komme i gang med sin egen praksis.

Hvorfor meditere?

Der er så mange både små og store gevinster ved meditation, at det fortjener sin egen bog. Hvad jeg giver her, er blot en hurtig gennemgang, men forhåbentlig nok til at give os lidt blod på tanden.

Kend dig selv

En af de første gevinster ved meditation er, at man får et godt kendskab til menneskelig psykologi, først og fremmest sin egen. Vores sind og naturen af bevidsthed er genstand for dette selvstudium, hvilket er relevant for os, der ser værdien i at kultivere selvdisciplin.

Når man mediterer, observerer man sine tanker og følelser. Man ser, hvor uroligt og hvileløst sindet er, og hvordan det bevæger sig. Kendskab til tankernes og følelsernes bevægelser er brugbar viden. Denne agtsomhed omkring tankeprocessen hjælper os blandt andet til at registrere uønskede tanker og følelser, fange dem i opløbet og sætte dem på plads velvidende, hvad de leder til.

At distancere sig fra sine tanker og bare observere dem uden at dømme, kan også være en komisk oplevelse. Det er som at tage en stikprøve på sin bevidsthed. Hvad man finder, kan være chokerende. Hvis man dog kan sige til sig selv: "Jeg er jo sindssyg!", er det et tegn på, at man gør fremskridt. Så ved man, hvad man har at arbejde med.

Et transportabelt tilflugtssted

Når man har lært at meditere, har man altid et sted, hvor man kan søge tilflugt fra dagligdagens stressede situationer. Bare luk øjnene for en stund, træk vejret dybt og som *Bhagavad-gita* anbefaler, bring sindet under selvets kontrol. Find sindsro, og frigiv nogle spændinger, fokuser på hvad du skal til at gøre før du igen træder ud og forholder dig til den ydre verden.

Find dit center

Der opstår uundgåeligt situationer, hvor man mister sin mentale ligevægt. Man bliver måske fornærmet, foruroliget eller forelsket. I sådanne situationer man kan bruge sin erfaring med meditation til at holde hovedet koldt, og agere bevidst fremfor at reagere emotionelt. Vi kan ikke bestemme, hvad der sker omkring os, men med den rette træning, kan vi bestemme, hvordan vi vælger at reagere.

Hvad siger videnskaben?

På trods af at meditation har været brugt i årtusinder, har den moderne videnskab først fået øjnene op for potentialet i nyere tid. Men nu er fordelene ved meditation efterhånden veldokumenterede og etablerede som videnskabelige kendsgerninger.

1. Meditation forandrer hjernens struktur positivt

Undersøgelser viser, at en regelmæssig praksis af meditation kan omforme hjernen. Det er et begreb, der kaldes 'neuroplasticity'. Forandringerne indebærer en positiv indflydelse på hukommelse, koncentration og tilstedeværelse. Dr. Andrew Newberg har i årtier foretaget hjernescanninger på personer, der mediterede. Konklusionen af hans forskning er, at mennesker, der mediterer regelmæssigt, har markant sundere og mere velfungerende hjerner end de, der ikke gør det, og har en overordnet bedre oplevelse af deres eksistens.

2. Meditation kan reducere stress, angst og depression

Det er blevet påvist, at meditation effektivt kan reducere éns stressniveau, og at det hjælper på angst og depression. Det er selvfølgelig gamle nyheder for dem, der mediterer.

Stress er temaet i den moderne verden. Det er den mest almindelige mentale lidelse i dag. Hver femte dansker har været sygemeldt med stress inden for de seneste fem år. Antallet af børn og unge der bliver diagnosticeret med angst og depression, er tredoblet de sidste ti år! Hvis vi tager i betragtning, hvor udsatte vi moderne mennesker er for disse lidelser, og hvor positiv en effekt meditation har på dem, burde vi tage meditation mere seriøst.

3. Meditation kan forbedre dine forhold

For nyligt har man opdaget, at meditation påvirker områder i hjernen, der forbindes med empati og medfølelse. I *Bhagavad-gita* er det beskrevet, at en rigtig yogi ser alle andres lykke og lidelse i sammenligning med sin egen og derfor ser på alle med medfølelse. Han glædes ved andres glæde og mærker deres sorg.

Hvis denne inderlige medfølelse kombineres med den emotionelle stabilitet og det naturlige overskud, som kommer af meditation, bliver man ganske enkelt bedre til at relatere til andre og holde af dem.

MYTER OM MEDITATION

Man skal tænke på ingenting

Det er en misforståelse, at man ikke må tænke på noget, når man mediterer. Det må nødvendigvis resultere, i at man tænker på ikke at tænke, og det er stadig at tænke. Man kan aldrig indstille tankerne fuldstændig, og at forsøge er frustrerende, konklusionen vil være, "Det her virker ikke for mig.", "Jeg kan ikke finde ud af det." og så vil man opgive. Man har brug for et fokuspunkt, som man kan fastforankre sit sind ved, så ikke det vandrer. Det kan være vejrtrækningen, en følelse som taknemmelighed eller et mantra.

Med et fokuspunkt kan man registrere, når sindet vandrer, og så bringe det nænsomt tilbage. Som Krishna siger det: "Fra hvorend sindet vandrer hen på grund af sin flakkende og ustadige natur, må man føre det tilbage og igen bringe det under selvets kontrol."

Man skal sidde på gulvet

Pointen med at sidde i skrædder- eller lotusstilling er, at det er godt for holdningen, og en god holdning hjælper på koncentrationen. Men hvis man ikke er vant til at sidde på gulvet, gør det ikke noget, hvis man finder sig godt til rette i en sofa eller en blød stol, mens man mediterer.

Meditation er ikke for mig, fordi jeg ikke kan koncentrere mig

Selvfølgelig kan du ikke koncentrere dig! Det er jo derfor, du skal meditere! Sindet er forstyrret. Det er udgangspunktet, men sådan behøver det ikke blive ved med at være. Fordelene er for mange til, at du får lov at slippe af sted med at diskvalificere dig selv!

Forskellige metoder

Der er mange traditioner der benytter forskellige metoder til meditation. Hvordan man mediterer, afhænger af, hvilken form man vælger, og hvem man lærer det fra. Jeg vil her gennemgå tre varianter, som fungerer for mig, og som du kan eksperimentere med selv.

1. Åndedragsmeditation

Man har brug for et fokuspunkt til sin meditation, og et oplagt valg er vejrtrækningen. Træk vejret gennem næsen. Det er sundere og mere naturligt. Tag lange, langsomme, dybe vejrtrækninger. Udvid brystet og fyld lungerne til deres fulde kapacitet, før du igen udånder fuldkomment, langsomt og gennem næsen. Lad det rytmiske åndedrag blive dit fokus. Mærk luften bevæge sig gennem næseborene ned i lungerne og ud i kroppen. Efter nogen tid vil du mærke en enorm lethed i sindet.

Der kommer tanker op, men lad dem bare være. Nu handler det om vejrtrækningen og ikke alt det andet. Man vil nogle gange miste sit fokus. Det er ikke et nederlag. Det er lige så naturligt som at små børn snubler, når de lærer at gå. Ligesom barnet rejser sig op og prøver igen, bør man bringe sit sind tilbage til fokuspunktet og fortsætte sin meditation. Man kan bruge en meditationskæde til at tælle sine vejrtrækninger og sætte sig for at meditere et bestemt antal, inden man starter. Mere om det længere nede.

Tidligere diskuterede vi disciplinære armbøjninger. Det er en naturlig sidegevinst ved meditation. På et tidspunkt vil sindet gøre oprør: "Nu gider jeg ikke mere! Find på noget andet! Hvad som helst!" Øvelsen er at blive ved. Ignorér sindet og fortsæt lidt endnu. Muhammad Ali sagde engang, "Jeg tæller ikke mine mavebøjninger. Jeg begynder først at tælle, når det begynder at gøre ondt, for det er de eneste der tæller." Ikke at meditation skal være smertefuldt, men hvis vi gerne vil bygge selvdisciplin, må vi bevæge os udover det punkt, hvor sindet har lyst til at opgive.

2. Mantra-meditation

Man kan også meditere på lyden af et mantra. Lyd påvirker vores bevidsthed. Det er et selvindlysende faktum, som kan erfares af alle, der lytter til musik. Det princip udnytter vi med mantra-meditation. Lyden af et mantra er designet til at tæmme sindet, som en slangetæmmer tæmmer slanger med lyden af sin fløjte. Der er mange forskellige mantraer. Jeg mediterer selv på Hare Krishna-mantraet:

Hare Krishna Hare Krishna
Krishna Krishna Hare Hare
Hare Rama Hare Rama
Rama Rama Hare Hare

Dette mantra består af Guds navne på sanskrit. I Vedaerne er det beskrevet, at Gud både har et maskulint og et feminint aspekt. Krishna er Guds maskuline side, Hare er den feminine modpart, og Rama betyder den højeste glæde. Mantraet er altså mere end en meditation, der hjælper med at fokusere sindet. Det er en bøn. Et kald. En personlig henvendelse til Krishna gennem Hans navne, der bliver udtalt med koncentration og kærlighed. Meget smukt. Hvis man er i tvivl om udtalen, kan man søge på YouTube.

Hvis man er ateist og ikke har lyst til at meditere på Krishnas navne, kan man selvfølgelig bruge et andet mantra. Men hvis man på den anden side ikke tror på Gud, er Hare Krishna vel bare en lyd blandt mange andre lyde, så man kan vel lige så godt bruge det ene mantra som det andet.

Det er meget enkelt. Man behøver blot udtale mantraet og lytte til det. Lad bevidstheden blive gennemtrængt af lyden. Ud af munden og ind i øret, rundt om sindet og ind til hjertet, hvor det vander vores virkelige selv, ligesom man vander en blomst.

3. Taknemmelighedsmeditation

Taknemmelighedsmeditation er en afslappende, opløftende og livsbekræftende praksis. Taknemmelighed er en fin ting, og alternativet – utaknemmelighed - er universelt forhadt.

For mange af os er taknemmelighed en følelse, men for nogle er det en praksis. Det er ikke et nyt påfund, men har dybe rødder. Munke har i tusindevis af år startet dagen med koncentrerede taknemmelighedsritualer for livets velsignelser, takket Jorden for maden vi spiser og himlen for hver en indånding vi tager. Selv i Danmark var en bordbøn indtil for ganske nyligt en integreret del af hvert eneste måltid, hvilket ikke er en specielt dansk eller kristen ting, men et verdensomspændende fænomen. Alle siger tak for mad.

Taknemmelighedsmeditation er enkel at praktisere. Det eneste, man har brug for, er albuerum til lidt fordybelse. Find et sted, hvor du kan være alene med dine tanker, og tænk så på personer, begivenheder og ting, som du værdsætter. Det kan være stort eller småt. Det kan være noget så simpelt som luften, vi indånder, taget over hovedet eller det mirakuløse faktum, at vi eksisterer. Der er nok at være taknemmelig for.

Faktisk kan man fremme sin praksis ved at være taknemmelig ikke bare for det gode, men for alt, hvad livet har at byde på. De største velsignelser kommer ofte i forklædning, og hvis man kan være taknemmelig for dem og se dem som lektioner i livet, er man godt situeret i en verden af dualiteter, hvor vi uundgåeligt vil møde både medgang og modgang.

GODE RÅD

Døm ikke din meditation

Bevidstheden svinger fra dag til dag. Bliv ikke nedslået, hvis du en dag har svært ved at koncentrere dig. Bare forsøget på at meditere kan være den lille indsats, der gør forskellen på en god dag og en dårlig dag.

Det kan være svært selv at se resultaterne. Man føler måske ikke, at det gør nogen forskel. Men ligesom børn ofte ikke lægger mærke til, hvor meget de vokser, kan det være svært at evaluere sin egen praksis fra dag til dag. Men hvis man zoomer ud og ser på det store billede, vil man kunne se store forandringer fra år til år. Så døm ikke din succes på høsten, men på såningen.

En lille indsats hver dag

Jeg har kendt mange, der med et ønske om at blive bedre til at meditere har taget et intensivt kursus, hvor man mediterer 10 timer hver dag. Men hvad er pointen, hvis man ikke kan vedligeholde det i sin dagligdag? Det er meget bedre at etablere en god vane, som man kan holde fast igennem hele livet, end at gøre noget ekstremt i en kort periode.

Skemalæg din meditation

Det anbefales at meditere tidligt om morgenen. Det giver en god start på dagen. Hvis du tænker: "Jeg gør det senere," er der stor risiko for, at der kommer noget i vejen. Sindet er også mere roligt om morgenen, hvilket gør det lettere at koncentrere sig, end midt på dagen eller om aftenen, efter det er blevet udsat for et virvar af indtryk.

Man kan godt meditere på andre tidspunkter, uden at meditationspolitiet kommer efter én. Men man får som regel mere ud af det om morgenen. Næste kapitel handler om den tidlige morgens magi og giver en mere fyldestgørende forklaring.

Brug en meditationskæde

En meditationskæde er en perlekæde med 108 perler, der traditionelt er blevet brugt til meditation og bøn i forskellige kulturer. Man siger et mantra, trækker vejret eller tænker en taknemmelig tanke for hver perle på kæden. Det er godt for koncentrationen og giver en fornemmelse af, hvor meget tid man har brugt på sin meditation.

Det kan anbefales at tage et bestemt antal runder på sin kæde hver dag. Men det skal være noget, der er til at overkomme. Der er ingen pointe i at slå et større brød op, end man kan bage. Man kan købe en meditationskæde på internettet eller i dit lokale Hare Krishna-tempel eller yoga-center.

Leg med det

Man har intet at tabe bortset fra stress, angst og depression! Hvis man mediterer hver morgen, kan man efter en måned selv vurdere effekten. Fuld tilfredshed eller pengene tilbage! Hvis det virker, er det jo fantastisk! Hvis ikke, er der ingen, der tvinger dig til at fortsætte.

Jeg håber, at du vil give det et forsøg. Det har virkelig gjort underværker for mig. Hvem ved, om det er netop det, du mangler i dit liv?

KORT OPSUMMERING

Meditation er simpelt og let

Videnskab anerkender nu de fantastiske fordele

Eksperimentér, og se hvad der virker for dig

KAPITEL 16

Før fanden får sko på

"Hvad der er nat for alle levende væsener, er tid til opvågning for den selvbeherskede, og den vågne tid for alle levende væsener er nat for den selvransagende vismand."
- Bhagavad-Gita

Først og fremmest vil jeg gerne understrege, at hvis du er en natteravn, og det fungerer for dig - fantastisk! Bliv endelig ved med det. Men for mit vedkommende har forvandlingen fra sovetryne til morgenmenneske været så berigende og hjulpet mig på så mange måder, at bare tanken om at vende tilbage til, hvor jeg kom fra, virker absurd. Så her er lidt tanker:

FORDELE:

En god start

Jeg plejede at sove så længe, jeg kunne tillade mig, og ofte lidt mere end det. Mine forældre måtte vække mig gentagne gange. Jeg ville love dem, at jeg nok skulle stå op, men faldt i søvn igen, så snart de var væk. Når jeg endelig fik taget mig sammen, var jeg sent på den. Jeg måtte sluge mine krydderboller og skære hjørner for at komme ud af døren til tiden. Ikke en særlig inspirerende start på dagen.

Nu vågner jeg ofte, før uret ringer. Jeg føler mig træt, men inspireret ved tanken om de frie timer i vente. Desuden forsvinder trætheden som regel efter et koldt bad, og jeg er frisk som en havørn. Hvis ikke, kompenserer jeg bare med et hvil senere på dagen.

De tidlige morgentimer er guld værd! Jeg anbefaler, at du bruger dem på dit eget hjemmelavede morgenritual. Mit består af bøn, meditation, læsning og yoga. Men du kender bedst selv dine behov og kan skræddersy en rutine, som passer til din livsstil. Det giver et vidunderligt forspring på dagen. Det sker sjældent, men hvis jeg skulle sove over mig, føler jeg, at dagen er startet uden mig, og min morgen forekommer ufuldkommen.

Stilhed

Noget af det bedste ved den tidlige morgen er, at man har den helt for sig selv! Ingen baggrundsstøj, ingen forstyrrelser og ingen distraktioner. Bare mig og min rutine. Det er mit yndlingstidspunkt på dagen! Min tid til fordybelse.

Livet som munk er i forvejen ret fredfyldt, så for mig er det en luksus. Jeg forestiller mig, at studerende og familiemennesker med krævende fuldtidsarbejde vil have endnu mere gavn af den beroligende stilhed og fritid.

Solopgang

Den burde være åbenlys. Hvis man sover længe, går man glip af noget af det smukkeste, naturen har at byde på. Jeg kan godt lide at hilse på Solen om morgenen, mens jeg sidder på taget af templet og mediterer på mit mantra. Jeg faldt engang over et inspirerende citat af Thomas Jefferson: "Solen har ikke fanget mig i min seng i 50 år." Det glæder jeg mig til også at kunne sige.

Produktivitet

Den gode vane med at planlægge dagen i forvejen, som vi diskuterede i kapitlet Tænk på papir, harmonerer smukt med en god morgenrutine. Mange deler oplevelsen af at være langt mere produktive og kreative i morgentimerne. Hvis man er et ambitiøst konkurrencemenneske, kan man bruge den ekstra tid på at spise et par frøer inden morgenmad.

Træning

Man kan selvfølgelig træne, når man har lyst. Jeg foretrækker personligt at træne tidligt om morgenen. For det første har man lige fastet. Det er meget bedre at lave yoga og strække ud på tom mave! For det andet er der større risiko for, at noget, der forhindrer min træning, dukker op i dagens løb. Træning om morgenen bliver kun aflyst af dovenskab.

Morgenmad

Det siges at være dagens vigtigste måltid. Det plejede for mig at betyde krydderboller med Nutella. Hvis man står tidligt op om morgenen, kan man starte dagen med et sundt og velsmagende morgenmåltid. Hvis man kombinerer det med 23:1 fasten, er det også første og sidste gang, man behøver at tænke på mad den dag. Hvilken befrielse!

Hvis man har bofæller, kan man forkæle dem med god morgenmad. De vil elske dig for det! Vi forkæler hinanden i templet med førsteklasses vegetarmad, lavet på grøntsager fra egen have og de bedste råvarer. Hvis man tror, det er kedeligt er være vegetar, er man velkommen til at komme forbi og æde sine ord sammen med et måltid på husets regning.

Hvordan bliver man morgenmenneske?

Der er den hårde måde og den lette måde. Den lette måde tager lidt tid, men det virker. Man starter med at vågne 15-30 minutter tidligere. Dernæst bruger man et par dage på at tilvænne sig, inden man strammer skruen og skærer 15 minutter mere fra. Sådan fortsætter man, indtil man har nået sit ideal.

Den hårde måde

Denne metode er øjeblikkelig. Man stiller bare sit ur til sin nye standard og står op, når det ringer. Man må kæmpe sig gennem dagen og holde sig vågen til sin nye sengetid. Da man har været træt hele dagen, burde man falde i søvn, før hovedet rammer puden, og få en god nats søvn. Jeg foretrækker personligt den hårde måde.

Gå tidligere i seng

At komme i seng til ordentlig tid er ofte en af de største forhindringer for et aspirerende morgenmenneske. Hvis man har for vane at bruge sine aftener foran fjernsynet eller computeren, kan det være et svært mønster at bryde. Lyset fra skærmen forvirrer hjernen og snyder den til at tro, at det ikke er nær så sent, som det egentlig er.

Derfor er det godt, at slukke skærmen en time før sengetid og bruge tiden mere afslappende. Man kan læse en god bog i sengen, massere sig selv og lave beroligende strækøvelser i sit nattøj, meditere lidt eller planlægge dagen i morgen.

Strategisk planlægning

Der er få ting, der tester éns selvdisciplin som lyden af et vækkeur tidligt om morgenen. Det er kun alt for nemt at komme til at slå det fra og sove videre. Derfor er det en god ide at placere alarmen i en strategisk god afstand fra sengen, så man er tvunget til at stå op.

Forbliv vågen

Nu hvor man er vågen, er udfordringen at forblive vågen. De første minutter er de sværeste. Sindet rationaliserer altid, hvorfor man skal gå i seng igen. Éns seng begynder måske at synge sirenernes sang og sende én forførende blikke. Evakuér derfor soveværelset hurtigst muligt. Hvis man føler sig træt, er lidt koldt vand i ansigtet forfriskende. Fysisk bevægelse tvinger også én til at kvikke op. Lav et par øvelser og få lidt gang i blodcirkulationen.

Hvad motiverer dig?

Jeg vågner med ét. Det er tidlig lørdag morgen. Jeg vælter ud af sengen, skynder mig ned ad trapperne og kaster mig efter fjernbetjeningen i sofaen. Hvorfor? Tegnefilm! Det var en stor motivation for lille Jakob på seks år ikke at gå glip af Pokémon i fjernsynet. Hvis man har noget inspirerende at stå op til, er det intet problem at komme op om morgenen!

Brug tiden fornuftigt

Lad være med at vågne en time eller to før for så bare at se fjernsyn (medmindre man er seks år gammel, og de genudsender Pokémon). At spilde sin tid er at spilde sit liv, for tid er det stof, livet er lavet af. Lad være med det!

Brug hellere tiden på at få et godt forspring på dagen. I skrivende stund hygger jeg mig med min bog og synes selv, at det går ret godt. Jeg har allerede haft en dejlig lang morgenmeditation, hvorefter jeg nød lidt fredfyldt læsning, imens de fleste mennesker ikke engang er stået op endnu. Hvis mere fritid også er noget for dig, vil du elske næste kapitel!

KORT OPSUMMERING

Skab en fantastisk morgenrutine

Tidlige morgentimer er rent potentiale

Få for vane af vågne tidligt

KAPITEL 17

Polyfasisk søvn

"Drøm… Men sov ikke for meget."
- Ukendt

Alle du kender inklusive din læge, familie og venner vil sandsynligvis mene og argumentere for, at det næste punkt, jeg vil diskutere, er skingrende sindssygt. Det er et eksperiment for de vovede og måske lettere dumdristige. Hvis du giver dig i kast med det, vid, at du gør det på eget ansvar og husk at træde varsomt. Nysgerrig? Også mig!

En kort introduktion

Polyfasisk er et flot ord! Det betyder flere faser. Polyfasisk søvn er at sove mindre, men over flere omgange. Det adskiller sig fra den typiske monofasiske søvn, hvor man sover i et langt stræk, oftest et sted mellem syv og ni timer.

Der er forskellige polyfasiske søvnmønstre, og nogle er mere ekstreme end andre. For eksempel er der et, hvor man reducerer sin søvn helt ned til to timer om dagen. Men uanset intensiteten fungerer de alle efter samme princip. Det handler om at reducere sin søvn drastisk og kompensere med korte hvil i løbet af dagen. Jeg vil ikke diskutere de mere ekstreme rytmer, da jeg ikke selv har erfaring med dem og derfor ikke kan anbefale dem med god samvittighed. I stedet vil jeg med stor begejstring dele, hvad der har virket for mig. Men først lidt videnskab.

Søvn, kost og helbred

At ignorere et søvnunderskud og køre på pumperne er skadeligt. Det kan vi hurtigt blive enige om. At hælde ekstra sukker i kaffen for at arbejde natten igennem er heller ikke en optimal løsning, hvis man ønsker at være velfungerende på langt sigt.

Vi ved, hvordan det er, hvis vi ikke får vores nattesøvn. Man er en skygge af sig selv. Undersøgelser viser, at man som konsekvens af et længerevarende søvnunderskud bliver syg, dum og grim. Det er en uheldig kombination, som vi gerne vil undgå. Så spørgsmålet er, hvor meget søvn skal man egentlig have for optimalt helbred og velvære?

Vi har alle sammen hørt, at man skal sove otte timer hver nat. Men er det virkelig så firkantet? Det er det samme som at sige, at man spise et kilogram mad hver dag uden at tage højde for, hvad man spiser, og hvordan man lever. Selvfølgelig er der mange flere faktorer, der spiller ind. Lad os se på dem.

Hvis man træner intensivt, har man brug for mere søvn for at restituere. Hvis man ikke motionerer, forfalder éns helbred, og så har man også brug for mere søvn. Da jeg personligt foretrækker at holde min søvn nede på et minimum, har jeg valgt en blid træningsform, der er god for helbredet og kræver minimal restitution.

Kost spiller også en vigtig rolle. Hvad man spiser og ikke mindst hvornår, man spiser, er afgørende for, hvor meget søvn man behøver. Hvis man spiser kort før sengetid, kan man ikke restituere optimalt, inden måltidet er fordøjet. Det betyder, at man behøver mere søvn for at føle sig udhvilet. Det har været almen viden blandt yogier siden tidernes morgen, at man kan reducere behovet for søvn ved at regulere sine spisevaner.

Jeg anbefaler, at man kombinerer sporadisk faste, som vi diskuterede i 12. kapitel, med en god søvnrytme og derved minimerer sit behov for søvn. Jeg spiser mit daglige måltid om morgenen og faster, til jeg går i seng. Så er måltidet fordøjet, og man kan fokusere på at sove, når man sover. De fleste kunne med fordel tage dagens sidste måltid lidt tidligere. Dine morgener vil aldrig blive det samme igen. Prøv selv og mærk forskellen.

Stadier af søvn

Søvn er ikke bare søvn. Der er forskellige stadier, som fungerer forskelligt. Det er godt at sætte sig ind i, hvad de er, og hvordan de virker, eftersom vi formentlig alligevel skal bruge en god del af resten af vores liv på at sove. Der er let søvn, dyb søvn og drømmesøvn. Man bevæger sig normalt cyklisk igennem stadierne fra let søvn til dyb søvn til drømmesøvn og forfra.

Let søvn er en indledende fase, som de fleste forskere er enige om ikke gør den store forskel. Det er i stadiet af dyb søvn, der begynder at ske noget. Total afslapning hersker. Kendetegnene er fravær af øjenbevægelser og muskelaktivitet, og at man er svær at vække. I denne fase restituerer ens fysiske krop og oplades med energi.

Drømmesøvn, som generelt forekommer i slutningen af en cyklus, er fascinerende. Hjernens aktivitet øges, og man drømmer, også selv om man ikke kan huske det. Ens øjne bevæger sig bag øjenlågene, mens at hjernen behandler information. Drømmesøvn er afgørende for indlæringsevnen og hukommelsen. Det er som mad for hjernen. Man har generelt brug for en times dyb søvn og to timers drømmesøvn for at fungere optimalt. Let søvn har vi derimod ikke brug for. Det er mere eller mindre spild af tid. Det betyder, at man i teorien kan klare sig med tre timers søvn i døgnet. Men hvordan?

Mere valuta for pengene

En person, der er tilvænnet polyfasisk søvn, kan springe den lette søvn over og næsten omgående gå ind i drømmesøvn for effektivt at restituere hjernen. Det adskiller sig markant fra normal søvn, hvor de første 90 minutter oftest tilbringes i let søvn, før der overhovedet begynder at ske noget.

På en nat bruger en gennemsnitlig person 44% af otte timer i let søvn, 16% i dyb søvn og 38% i drømmesøvn. Derimod kan en person, der er tilvænnet polyfasisk søvn, tilbringe tæt på 100% af 30 minutter i ren drømmesøvn. Sådan et hvil føles som flere timers søvn og giver meget livlige drømme. Hvis man får sin dybe søvn om natten, er det ikke mange hvil, man behøver for at kompensere den manglende drømmesøvn.

Der er som sagt forskellige polyfasiske søvnmønstre, og nogle er mere ekstreme end andre. Leonardo Da Vinci fulgte eksempelvis en model, hvor to timers søvn fordeles på seks hvil af tyve minutter. Jeg vil ikke diskutere dem alle, men holde mig til en blid model, som jeg selv har brugt i mere end et år, og som indtil videre ikke har ødelagt mit helbred.

Fire timers nattesøvn

Denne model er baseret på fire timers nattesøvn og to daglige hvil af 20-30 minutter. Det passer i mit skema som hånd i handske. Jeg har indrettet mit liv, så jeg går til ro kl. 22.00 og vågner kl. 2.00. Jeg placerede først et hvil om formiddagen og et om eftermiddagen, men har senere hen justeret en anelse. Det kommer vi til.

Sådan gør man

Først skal man lave et mønster. Start med at vælge et fast tidspunkt til nattesøvn og de daglige hvil. Når det er sket, skal man så bare have sin krop til at acceptere det.

Det er essentielt, at man holder sig inden for rammerne af sin nattesøvn. Fire timer er ikke nok, når man spilder næsten halvdelen af tiden på meningsløs let søvn. Det vil presse én ud i et søvnunderskud. Det søvnunderskud er nøglen til en vellykket tilvænning. Hvordan det?

Man kan ikke sove, hvis man ikke er træt. Indlysende, ikke sandt? Søvnunderudskuddet giver mulighed for at falde hurtigt i søvn til de planlagte hvil, som man til at starte med vil få meget lidt ud af, så længe man ikke kommer uden om den lette søvn. Men som man siger, nød lærer nøgen kvinde at spinde. Sulten efter søvn vil kroppen være tvunget til at lære kunsten at gå hurtigt i drømmesøvn og absorbere den essentielle værdi af et hvil. Det er her, magien sker!

Jeg var chokeret, da jeg første gang vågnede efter et vellykket hvil. Jeg var frisk! Lidt for frisk. Mistænkeligt. Havde jeg sovet over mig? Jeg havde drømt! Det føltes, som om at jeg havde været væk i flere timer. Nej. Den var god nok. Mit ur havde ikke engang ringet endnu! Det havde taget otte dages tilvænning. Derfra indhentede jeg hurtigt mit søvnunderskud og har siden da været meget taknemmelig for den ekstra tid, det har givet mig.

Tilvænningsperioden

Det er forskelligt fra person til person, hvor lang tid det tager at tilvænne sig polyfasisk søvn. Men for de fleste tager det cirka to uger at komme godt i gang. Derfor er det en fordel, hvis man planlægger overgangen i en ferie eller et andet tidspunkt, hvor der ikke forventes noget af én, og man kan tillade sig at være lidt verdensfjern og tåget.

Man bør lave lidt research, inden man begynder. Det er en fordel at vide, hvilke udfordringer man vil møde, så man er forberedt på dem, når de kommer. Mange giver op, inden de har tilvænnet sig. Jeg brugte et papir som en krykke, hvor jeg havde noteret i forvejen, hvad jeg kunne forvente fra dag til dag. Til min lettelse var min tilvænning ikke nær så hård som dem, jeg havde læst om. Men det varierer fra person til person.

Hvad kan man forvente?

Det er svært at sige noget meget generelt om tilvænningsprocessen, eftersom vi alle er forskellige, og der er varierende faktorer som kost, alder og sundhed, der alle har noget at skulle have sagt.

Jeg kan dog med sikkerhed sige, at de første dage bliver hårde. Man vil være træt, irritabel og langsom. Det vil være svært at falde i søvn i løbet af dagen, hvilket er frustrerende, når man i forvejen har søvnunderskud. Man vil have render under blodskudte øjne, så undgå skønhedskonkurrencer under tilvænningen. Man kan kort sagt forvente et par dage, hvor man ikke er på toppen.

De første tre til syv dage er ofte de sværeste. Det er ren og skær overlevelse. Derefter bliver det lettere, da kroppen bliver bedre til at restituere effektivt. Det tager generelt to uger at tilvænne sig fuldstændigt til polyfasisk søvn. Efter ti dage følte jeg mig i topform.

Jeg følger stadig mønsteret, og det bliver jeg ved med! Jeg får meget mere ud af mine fire timer, og vågner som regel frisk og udhvilet. De fleste dage tager jeg en enkelt middagslur, men glemmer det faktisk nogle gange, fordi jeg ikke føler mig træt. Men det svinger, og nogle dage har jeg brug for mere. Jeg prøver at lytte til min krop. Hvis jeg er træt i hovedet, får den et hvil, men jeg holder det under 30 minutter, så den ikke bliver forkælet og vænner sig til let søvn.

En god investering

Den tid, det tager at tilvænne sig polyfasisk søvn, er hurtigt tjent ind. De tre ekstra daglige timer bliver til 21 om ugen. Med 52 uger på et år bliver det til 1092 ekstra timer eller over 45 dage, som man hiver ud af den blå luft. Hvad kunne du mon bruge dem på?

Kendte mennesker, der sov sparsomt

Der er mange store tænkere, kunstnere og helgener, der har benyttet et polyfasisk søvnmønster til at reducere deres søvn og øge deres effektivitet. Deres liv er vidnesbyrd om, at begrænset søvn ikke nødvendigvis begrænser intelligensen eller på andre måder kompromitterer vores eksistens, som moderne søvneksperter ellers ofte hævder det.

Nikola Tesla bliver ofte anset for at være en af historiens største opfindere. Vi kan takke ham for blandt andet vekselstrøm. Tesla så det som et komplet spild af sin tid at sove. Igennem polyfasisk søvn formåede han at koge sin søvn ned til to timer i døgnet.

Mens Napoleon Bonaparte regerede Frankrig, ville han efter sigende sove to timer hver nat, og konsekvent tage en middagslur hen ad eftermiddagen, selv på slagmarken. Da han senere hen mistede magten og ruskede tremmer, faldt han af på den og blev lidt af et snorketræ.

Når Leonardo Da Vinci ikke var ophængt med at male Mona Lisa, opfinde våben eller udtænke de første flyvemaskiner, ville han tage en lur hist og her. Ti minutter hver anden time var nok for ham. Døgnet rundt.

A.C. Bhaktivedanta Swami Srila Prabhupada hvilede en time efter sin morgenmad, en time efter frokost, og om natten ville han sove et sted mellem en og tre timer. Han begrænsede sin søvn for at oversætte og kommentere på Vedaerne, Indiens hellige skrifter, og gøre dem tilgængelige for den moderne engelsktalende verden.

Thomas Edison, Salvador Dali og mange andre fortjener også en plads på listen, men i forsøget på at holde en kort bog kort bliver de helt uretfærdigt overset.

Bonusfordele

De ekstra timer er den helt store præmie ved polyfasisk søvn, men der er også et par mindre sidegevinster, som er værd at nævne:

1) Vink farvel til søvnløse nætter. Det har aldrig været nemmere at falde i søvn om aftenen. Jeg mærker trætheden komme krybende en halv time inden sengetid og sover sødt sekunder efter at have lagt mig. Det virker hver gang.

2) Slut med at vågne og skulle på toilettet. Det er sådan en lille irriterende ting at skulle afbryde sin søvn for at besvare naturens kald. Men det er meget nemmere at holde sig i fire timer end i otte.

Konklusion

Polyfasisk søvn opererer på princippet om kvalitet fremfor kvantitet. Ja, du sover mindre. Men du sover bedre og mere effektivt, og min personlige erfaring er, at hvis bare det praktiseres med eftertanke er der intet at være bange for.

KORT OPSUMMERING

Lær at springe den lette søvn over

Kost og træning kan påvirke behovet for søvn

Vind tre timer dagligt ved at sove polyfasisk

TREDJE DEL

MOTIV

"Hvis man bevæger sig beslutsomt i retning af sine drømme og bestræber sig på at leve det liv, man har ønsket, vil man møde succes, når man mindst venter det. – Henry David Thoreau – Amerikansk forfatter

Denne tredje og sidste del af bogen handler om motiv. Sanskritordet prayojana betyder den ultimative nødvendighed. Det er målet og det, der driver os til handling.

Jeg har før brugt eksemplet med, at den korteste afstand mellem to punker er en lige linje. Prayojana er punkt nummer to i ligningen. Så når punkt ét, den nødvendige viden, er på plads, og man har identificeret et værdigt mål – hvad man vil have ud af livet – kan man bruge metoderne og de gode vaner fra anden del til at bygge bro mellem de to punkter.

Hvor anden del var mere metodisk, er tredje del mere filosofisk, for når man prøver at finde ud af, hvad man vil have ud af livet, er et nærliggende spørgsmål: "Hvorfor?" Vi har så mange ønsker og ambitioner, men hvad er den bagvedliggende grund? Hvad er det, man forventer at finde ved regnbuens ende, og findes det overhovedet der, hvor man leder?

KAPITEL 18

Hvorfor?

*"Før man begynder, skal man altid spørge sig selv:
"Hvorfor gør jeg det? Hvad vil resultaterne være?
Kan det lykkes?" Først når man har fundet tilfreds-
stillende svar bør man fortsætte."*
- Canakya Pandit

Hvorfor gør vi, som vi gør?

Jeg havde engang gæster, som skulle lave en fjernsynsudsen-
delse, på besøg i templet. De var nysgerrige og stillede mange
spørgsmål. "Hvorfor står du så tidligt op?" "Hvorfor lever du
i cølibat?" "Hvorfor er du vegetar?" Mens jeg besvarede dem
tålmodigt, udbrød kameramanden pludselig: "Tænk, hvis man
spurgte mig om det samme, ville jeg ikke ane, hvad jeg skulle
svare!"

Som små stiller vi spørgsmål fra morgen til aften, men
som voksne bliver vi ofte så forankrede i vaner og mønstre,
at vi glemmer at sætte spørgsmålstegn ved dem. Det burde
aldrig ske! Hvor mange mennesker lever og dør ikke, uden
nogensinde at spørge hvorfor vi drikker den ritualistiske mor-
genkaffe, før vi tager i skole eller på arbejde og bruger dagen
på kontoret. Vi ser serier om aftenen og glæder os til weeken-
den. Hvorfor? Vi lever vores liv velvidende om, hvad vi laver,
og hvordan vi gør det, men ofte glemmer vi det vigtigste.
Hvorfor?

Vedaerne pointerer at menneskets primære karaktertræk er dets evne til at stille spørgsmål. Hvad er det vi forventer at opnå i udførelsen af vores handlinger? Hvis du kun ved, hvad du søger, men ikke har tænkt over hvorfor du søger netop det, kan du ikke vurdere, om det overhovedet er et værdigt mål. Hvis det første tal i regnestykket er forkert, bliver resultatet noget rod uanset hvor gode resten af dine beregninger end måtte være.

Hvis man ved, hvad man vil have, hvorfor og hvordan er det næste spørgsmål: Bliver man tilfreds, hvis man finder det? Der er altid en tendens til at tro, at græsset er grønnere på den anden side, og at lykken venter rundt om hjørnet. At med et par små justeringer ville livet falde perfekt på plads. Men kan man være sikker på det?

Kortene på bordet

Lad mig være hudløst ærlig med dig. Min påstand er, at jo hurtigere man kan udleve sine drømme, des snarere vil man erfare, at det ikke er der, lykken findes.

Mange tror, at penge vil løse deres problemer, at succes er det højeste mål, eller at en smuk kvinde eller mands kærlighed vil fylde tomrummet i hjertet. Men er det tilfældet? Hvad finder vi i opnåelsen af disse efterstræbelsesværdige ting? Ikke at de er tomme og meningsløse, men de er utilstrækkelige og formår ikke at slukke vores tørst.

Hvem er jeg i øvrigt, til at tale om succes, penge og kærlighed? Jeg er bare en grønskolling der besluttede at blive munk. Det har derfor måske mere gennemslagskraft, hvis det kommer fra skuespilleren Jim Carrey: "Jeg mener, at alle burde blive rige og berømte og gøre alt, som de altid har drømt om, så de kan se, at det ikke er svaret."

Det kan være frustrerende at forfølge og udleve drømmen for så at opdage, at det ikke er nok. Vi ser nogle gange latterligt succesfulde mennesker tage deres eget liv i frustration. Alligevel ønsker så mange at følge i deres fodspor og finde lykke i det eksterne. Hvis det er, hvad de ønsker, vil jeg ønske for dem, at de får det, så de kan se, at det ikke er svaret.

Min overbevisning, som er en genklang af Vedaernes konklusion er, at materiel succes som ikke er forbundet med et højere formål, aldrig vil kunne tilfredsstille os fuldkomment, men at oplevelsen af frustration i at udleve materielle ambitioner vil kunne påbegynde en søgen efter et højere formål og livsværdier. Hvorfor har jeg skrevet denne lille bog? For at skynde på fremgangen mod materiel succes og efterfølgende frustration. Jeg har prøvet ikke at tvangsfodre dig med min livsanskuelse, men håber at du vil finde den mellem linjerne.

En cølibat munk med en hemmelig dagsorden

Du har måske hørt om Kama Sutra. Det er en gammel indisk bog om, hvordan man kan have himmelsk sex og tilfredsstille sin erotiske appetit. Den blev skrevet for mere end 2.000 år siden, har siden dengang været utroligt populær og er det stadig verden over.

Det er interessant, at Kama Sutras forfatter Vatsyayana skrev bogen, mens han levede i cølibat. Han forstod, at folk generelt behøvede at udleve deres begær til et vist mæthedspunkt. Med Kama Sutra gav han en hjælpende hånd til at accelerere processen, for man kan ikke tale filosofi med en sulten mand.

KORT OPSUMMERING

Hvad end du gør, spørg altid 'hvorfor?'

Drømme kan gå i opfyldelse,
men vil det gøre os lykkelige?

Succes uden et højere formål er tomt

KAPITEL 19

Livets værdi

*"Livets ultimative værdi afhænger af vores be-
vidsthed og evne til at fordybe os mere end blot
overlevelse."*
- Aristoteles

Værdiløs selvdisciplin

Selvdisciplin er frihed. Et potentiale som kan misbruges. Da
J. Robert Oppenheimer rodede med den første atombombe,
har han måttet mønstre en masse selvdisciplin. I de forkerte
hænder er selvdisciplin en håndgranat i kløerne på en abe.

Selvdisciplin er frihed, og med frihed kommer et ansvar.
Derfor er det vigtigt, at vi er i kontakt med den bedre del
af vores værdier. Jeg tror på, at vi alle har smukke og beun-
dringsværdige idealer på bunden, men at de let kan korrum-
peres i kontakt med negative indflydelser i en skør verden.

Du er nok ikke den næste Adolf Hitler eller Joseph Stalin,
men det ville undre mig, hvis ikke også du bar rundt på en
knivspids grådighed, misundelse og had. Sådanne defekter i
ens karakter kaldes på sanskrit anartha, hvilket betyder "uøn-
sket" og "værdiløst". Hvorfor er det uønsket og værdiløst?
Fordi det forhindrer vores oplevelse af den autentiske lykke,
der forekommer, når vi eksisterer i harmoni med vores indre
natur.

Det er et faktum, at den moderne verden er fuld af afspo-
rede værdier, hvor især medierne gør deres for at glamourisere

stupide rollemodeller og romantisere overfladisk succes. Selvfølgelig er vi påvirkede af det og har derfor svært ved at skelne mellem, hvad der for os virkelig har værdi, og hvad der ikke har.

Hvad giver dit liv værdi?

Mange af vores værdier ligger latente i underbevidstheden, men gennem et selvransagende tankeeksperiment kan du bringe dine dybeste og mest fundamentale værdier frem i lyset. Hvis du lever dig ind i det, garanterer jeg en lærerig oplevelse.

Forestil dig, at du er til begravelse. Du ser sorgen og savnet malet i ansigterne på familiemedlemmer, venner og bekendte. Hele rummet pulserer med følelser. Du mærker både glæden af at have kendt og elsket og bedrøvelsen over at have mistet.

Du kender alle gæsterne. Selvfølgelig gør du det. Det er trods alt din egen begravelse. De er kommet for at sige farvel til dig. Hvem er kommet? Hvad vil du ønske, de husker dig for? Hvad vil de sige om dig, og hvad ville du ønske, de sagde om dig? Efter dette tankeeksperiment burde du stå tilbage med en klokkeklar ide om, hvem og hvad der er vigtigst for dig, og en bedre fornemmelse af dine sande værdier.

Du kan gå et niveau dybere ved at invitere en æresgæst til begravelsen. En flue på væggen, der har set det hele. En person, der kan se lige igennem dig, og kender dig bedre, end du kender dig selv. Et vidne, eller Gud for den sags skyld. Hvad tænker Han om dig? Ser Han på dit liv med stolthed eller med skuffelse? Hvis du kan se Ham i øjnene uden skam, er det tegn på, at du har levet et liv af integritet i harmoni med dine inderligste værdier. Hvis ikke, skulle du måske lave om på nogle ting. Tænk, hvis Han findes!

Sæt dit liv i perspektiv

Vi skal alle dø før eller senere. Mange finder tanken om denne uundgåelige realitet ubehagelig, og foretrækker at ignorere den. Som dreng lå jeg ofte vågen til langt ud på natten og tænkte på døden. Det var fascinerende og skræmmende, mest skræmmende. Men det er sundt at reflektere over døden. Det sætter livet i perspektiv.

At leve hver dag som var det den sidste er ikke praktisk, for hvis man vil udrette noget med sit liv, tager det mere end én dag. Men mind dig selv om døden ofte, og at den kan komme uventet. Det vil sikre, at du ikke spilder dit liv på trivielle bagateller, du senere vil fortryde.

Dø med god samvittighed

Efter en god dags arbejde kommer en god nats søvn. På samme måde kan en person, der har viet sit liv til at gøre godt forlade denne verden med god samvittighed. For mig betyder det at leve mit liv som en tjeneste til mine medmennesker og andre levende væsener. En tjeneste fremfor en byrde for Moder Jord og i sidste ende som en tjeneste til Krishna.

Uanset hvor jeg kigger hen, ser jeg universet. Det må vel betyde, at jeg er i midten af det hele? Det er den egocentrerede livsanskuelse. Hvis vi tænker, at verden er til for vores skyld, lever vi i en vrangforestilling. Denne snæversynede livsanskuelse fører intet godt med sig. Den skaber kun problemer, så vi bør sætte os ud over den.

Pointen er at leve sit liv, så man kan dø med god samvittighed. Hvad det betyder er måske individuelt, men ville det ikke være fantastisk at kunne se tilbage på et liv, man kan være stolt af, uden at have noget at fortryde eller skamme sig over? Og så dø med god samvittighed, ikke skræmt, men spændt - Gad vide, hvad der foregår på den anden side?

KORT OPSUMMERING

Selvdisciplin bør tjene et værdigt formål

Forstå dine værdier og lev efter dem

Lev for at kunne dø med god samvittighed

KAPITEL 20

Spild ikke tiden!

"Elsker du livet? Så spild ikke tiden, for det er det stads, livet er lavet af."
- Benjamin Franklin

Tiden er gådefuld. Vi kan prøve at gøre os klog på den, men den overstiger vores fatteevne. Den var her før os og vil forblive, efter vi er gået bort. Den styrer livet af hvert et atom, hver en stjerne og galakse. Alle er underlagt dens herredømme. Det spiller ingen rolle, om du er rig eller fattig, ung eller gammel, snusfornuftig eller dum som en dør.

Vi ser dens indflydelse. Alligevel kan vi ikke sætte fingeren på den. Kan ikke helt regne den ud. Det er en nød, verdens største tænkere forgæves har prøvet at knække i årtusinder. *Bhagavad-gita* har dog et interessant perspektiv.

Krishna fortæller prinsen Arjuna om den universelle form, det upersonlige aspekt af det absolutte. Arjuna er nysgerrig og spørger Krishna, om Han kan vise ham denne form. Krishna giver ham dernæst audiens af universets totale helhed, komplet med fortid, nutid og fremtid, alt samlet på et sted. Syret!

Arjuna er overvældet. Han ved ikke, hvad han skal stille op med sig selv. Hans egen eksistens forekommer pludselig ubetydelig, reduceret til et glimt i evigheden. Han bevidner tidens parallelt fungerende skabende og altødelæggende kraft. Han ser alting opstå for så i næste øjeblik at styrte mod uundgåelig tilintetgørelse i tidens gab.

Arjuna spørger forfærdet: "Hvem er du?" Svaret er øredøvende: "Jeg er tiden, alle verdeners ødelægger." Vi taler om at slå tid ihjel, men det kan man ikke. Det er derimod tiden, der ubesejret siden tidernes morgen slår os ihjel!

For hvert sekund er vi tættere på døden. Et øjeblik kan ikke købes tilbage for alverdens rigdomme. De siger, at tid er penge. Men er det ikke lidt fjollet? Man kan bruge tid på at tjene penge, men aldrig omvendt, så tid vinder altid over penge. Hvad kunne være et større tab eller grovere resursespild. Hvilken katastrofe kunne sammenlignes med, at man spilder sin tid? For når man spilder sin tid, spilder man sit liv.

Vi har 86.400 sekunder til rådighed hver eneste dag. Hvad bruger vi dem på? Hvor meget tid løber ikke gennem fingrene på os, uden at vi formår at gribe den og bruge den på noget meningsfyldt? Det ville være en frygtelig skam en dag at se tilbage på sit liv med en nagende utilfredshed i hjertet og tænke: "Var det virkelig det? Var det alt, jeg formåede? Det gik alt for hurtigt! Hvor forsvandt tiden hen?"

Jeg skal ikke fortælle dig, hvad du skal bruge dit liv på, hvor end jeg gerne ville. Det er ikke mit privilegium desværre. Vi har alle fri vilje, hvilket er med til at gøre livet smukt, mangfoldigt og uforudsigeligt. Jeg har prøvet at give dig essensen af, hvad jeg har lært om selvdisciplin på min rejse. Du er fri til benytte denne viden, som du har lyst til, men jeg håber inderligt, at du vil bruge den til at leve et liv, som er et barn af Krishna værdigt, og som vil bringe et pavestolt smil til Hans læber.

KORT OPSUMMERING

Tid er livets byggesten

Tid er den mest værdifulde resurse

Prøv at få Krishna til at smile